W0173161

GIOVANNI FRAZZETTO

NÄHE

WIE WIR LIEBEN
UND BEGEHREN

Aus dem Englischen
von Nele Junghanns

Carl Hanser Verlag

Titel der Originalausgabe:
*Together, Closer: Stories of Intimacy
in Friendship, Love and Family.*
London, Piatkus 2017

1. Auflage 2018

ISBN 978-3-446-25836-5
First published in Great Britain in 2017 by Piatkus
Alle Rechte der deutschen Ausgabe:
© Carl Hanser Verlag München 2018
Satz: Greiner & Reichel, Köln
Umschlag: Anzinger & Rasp, München.
Motiv: Get in On © Paul Thurlby (www.paulthurlby.com)
courtesy of Yellow House Art Licensing
(www.yellowhouseartlicensing.com)
Druck und Bindung: GGP Media GmbH, Pößneck
Printed in Germany

INHALT

PROLOG

Dieses Buch handelt von Nähe und warum wir sie brauchen. In einem Mix aus Narration und Wissenschaft erzählt es Geschichten von Beziehungen.

Als menschliche Wesen haben wir einen Hang, uns zu (ver-)binden. Wir neigen dazu, uns zu anderen hingezogen zu fühlen, wie die Wellen, die immer wieder ans Ufer schlagen. Es mag Zeiten der Ebbe geben, den gelegentlichen Wunsch, ganz für sich dahinzutreiben, oder auch Stürme, die uns stranden lassen, aber früher oder später werden wir den Hafen suchen oder dorthin zurückkehren. Einsamkeit kann einen umbringen, während Zusammensein belebt. Wir leben in einer Welt, in der Isolation wesentlich leichter zu finden ist als Gesellschaft. Und doch sind bedeutsame Beziehungen die Zutat, die unser Glück am meisten nährt.

Nähe entzieht sich einer singulären Definition. Von unverbindlichem Sex bis hin zu lebenslangen Bindungen, von der Ehe bis zum Fremdgehen, von Freundschaften bis zu bedingungsloser Liebe, wenn wir Zeugen von Geburt oder Tod werden, ständig hüllen sich Nähe und Intimität in ein neues Gewand.

Sosehr wir uns nach Nähe sehnen, so sehr scheuen wir sie bisweilen auch. Sie ist eine demaskierende Form des Wissens über den anderen und der Zusammengehörigkeit, der viele von uns geflissentlich aus dem Weg gehen.

Durch das Prisma der Wissenschaft betrachtet, taucht Nähe in den banalsten Aspekten unseres Alltags auf. Es geht darum, wie wir mit all unseren Sinnen wahrnehmen, wie wir in Beziehungen zu anderen unsere Gedanken lenken und unseren Körper einbringen, wie wir Belohnung suchen und anderen geben, Risiken voraussehen und Entscheidungen fällen, wie wir fürchten oder ermutigen, Erinnerungen schaffen, vertrauen und uns verwundbar machen, wie wir lernen. Nähe und Intimität sind nicht nur lohnenswerte Untersuchungsobjekte der Wissenschaft, sondern auch wichtige Bestandteile unserer gelebten Erfahrung.

In diesem Buch werden wir Figuren begegnen, deren Ängste und Sehnsüchte sie in die Intimität treiben, durch sie hindurch und aus ihr heraus. Eine Single-Frau in den Vierzigern, die mit der Unsicherheit hadert, einen Partner zu finden. Ein Ehemann, der zu den Anfängen seiner Ehe zurückblickt. Ein Mann und eine Frau, die in eine heimliche Liebesaffäre verstrickt sind. Unvereinbare Partner zwischen Einigkeit und Abgrenzung. Großstädter, die bei ihren Dates versuchen, Liebe und Sex unter einen Hut zu bekommen. Ein Vater und eine Tochter, deren Beziehung aufblüht, als sein Tod naht. Zwei Männer, die dabei sind, herauszufinden, was sie einander beibringen können. Unzertrennliche Freunde, die gemeinsam den Verlauf ihres zukünftigen Liebeslebens entwerfen. Wo es möglich ist, werden ihre Gedanken, Gefühle und Handlungen anhand von Begriffen und Experimenten in der Biologie, Psychologie und Neurowissenschaft erklärt. Lebensweisheit mischt sich mit dem Wissen über Körper und Geist.

Durch diese Geschichten werden wir eingeladen, über unsere eigenen Erfahrungen mit Nähe in Liebe, Freundschaft und Familie nachzudenken. Wie wir sie erlangen und verlieren. Wie wir sie verschwinden oder wachsen sehen, während wir gleichzeitig unsere Art zu lieben verändern und erneuern.

SCHIDDUCH

ÜBER EINSAMKEIT

Der Beginn des neuen Tages wurde durch den Schnee gedämpft. Der Fluss war zugefroren, und der Blick aus Anitas Fenster bot das altbewährte Grau in Grau.

Als sich ihre Augen öffneten, fand sie sich zusammengerollt wie ein Baby wieder, fest um die Filmspule irgendeines Traums gewickelt, an den sie sich nicht erinnern, den sie aber auch nicht loslassen konnte, den Kopf an der Brust vergraben, die Arme um die Knie geschlungen. Sie machte zwei oder drei tiefe Atemzüge, um sich zu weiten, und stellte dankbar fest, dass sie nachts nicht hustend aufgewacht war – die neuen Kräuter von Inge taten ihre Wirkung.

Langsam entrollte sie sich und starrte an die Decke. Sie fragte sich, ob sie vor dem Zubettgehen das Badewasser ganz abgestellt hatte, und tastete mit der Hand den Boden nach einer Überflutung ab. Beruhigt gähnte sie, setzte sich auf und schüttelte den Kopf.

Sie schloss die Augen wieder.

»Alles Gute zum Geburtstag, Anita, und einen schönen, beschissenen Valentinstag«, sagte sie und nahm das grausame Spiel des Schicksals zur Kenntnis, das in ihr, seit sie erwachsen war, den Wunsch weckte, ihr Geburtstag würde für immer aus dem Kalender getilgt. Dann grinste sie ihren fetten, verschlafenen roten Kater an.

»Wo bleibt mein Frühstück im Bett, Joshua?«

Joshua war nicht der Kater. Der Kater hieß Whiskey. Joshua war ein imaginärer Freund, den sie erschaffen hatte.

»Erzähl doch mal. Ist er Deutscher?«, war Ruths erste Frage gewesen.

»Nein, Mutter. Er ist Amerikaner.«

»Und ist er einer von uns?«

»Ja, Mutter.«

»Oh, *Motek*, das ist ja wunderbar! Ist es was Ernstes? Wann lernen wir ihn denn mal kennen? Wie heißt er? Und sag bitte nicht, dass er auch Künstler ist!«

Anita war Fotografin. Sie fotografierte verlassene Orte. Geboren und aufgewachsen in Brooklyn, zog sie nach der Kunstschule im Mittleren Westen aus einem Impuls heraus nach Deutschland, als es für sie zu Hause überhaupt nicht zu laufen schien. Berlin, dessen Bürgermeister es einmal als »arm, aber sexy« bezeichnet hatte, war der perfekte Zufluchtsort für jeden arbeitslosen Künstler des Planeten. Jetzt hatte sie ein beneidenswertes Berufsleben, zumindest verglichen mit dem, was sie in den Staaten zurückgelassen hatte. Ihr Werk wurde auf zwei Kontinenten ausgestellt. Sie hatte demnächst eine große Einzelausstellung, eine Teilzeit-Lehrstelle an einer englischen Sprachschule, eine persönliche Assistentin und regelmäßige Verkäufe.

Sie lebte in einer schicken Wohnung, die so groß war, dass sie sie als Atelier nutzen konnte. Sie wurde regelmäßig zu Partys eingeladen, und ihr blieb noch Zeit, um zur Inspiration Galerien und Museen zu besuchen. Sie hatte genug Geld, um zu verreisen, am Wochenende essen zu gehen und sich ab und an eine neue Handtasche zu kaufen. Alles in allem brauchte sie sich eigentlich um nichts Sorgen zu machen.

Doch zählten all die guten Seiten ihres Berliner Lebens keinen Pfifferling, wenn abends alles, woran sie sich klammern konnte, die Wärme eines Kissens und Whiskeys Fell waren. Sie hatte in der neuen Stadt viele Menschen kennengelernt, vor allem jede Menge Auswanderer der Kunstszene, was sich positiv auf ihre Arbeit auswirkte. Aber sie konnte nicht behaupten, dass sie jemanden hatte, auf den sie wirklich zählen konnte, und dieses Bewusstsein löste in ihr ein Unbehagen aus wie die Nebenwirkung einer neuen Diät. Die Winter waren in der deutschen Hauptstadt besonders hart und einsam: die großen Alleen matschig und schweigsam, die Bäcker unfreundlich und die meisten Leute miesepetrig und gereizt. Wenn man Glück hatte, lächelten die Pendler in der U-Bahn vielleicht ab Mitte April wieder.

Anita erschuf Joshua an einem Tag, als zum dritten Mal hintereinander ein Fremder ihren Gruß nicht erwiderte, ein Typ nicht zu einer Verabredung erschien und Ruth sie fragte, wann sie endlich heiraten würde. Die Erfindung eines imaginären Partners half ihr, mit der hartnäckigen Sorge ihrer Eltern umzugehen, dass sie immer noch single war, aber auch, ihre Einsamkeit zu lindern und sich auszumalen, was sie sich von einem Mann wünschte. Hin und wieder wandte sie die Lüge auch bei Fremden an, etwa wenn sie der einzige Single bei einer Dinnerparty war. Joshua war, genau wie Whiskey, ein Rotschopf. Mit haselnussbraunen Augen. Er war groß und Bildhauer, was bedeutete, dass er riesige, kräftige Hände hatte. Er war ruhig und bestimmt, witzig und ein bisschen linkisch. Vor allem war Joshua ein Komplize und der Trost, der Anita in den Höhen und Tiefen ihres Alltags so fehlte. Sie brauchte jemanden, der mit ihr schimpfte, wenn sie zu viel Zeit vor dem Computer verbrachte, der sie dazu brachte, sich an den Tisch zu setzen, wenn sie im Stehen aß, der ihr zuhörte, wenn sie wieder mal auf einer Talfahrt der Schwarzmalerei war oder sich über einen Kunden aufregte, der von einem

Kauf zurückgetreten war. Sie brauchte jemanden, der sie daran erinnerte, dass Herumzappeln sie unattraktiv machte und Hausbrände zwar nicht ausgeschlossen, aber selten sind. Einen Typ, der herzlich lachen und Fotos von ihr machen konnte, wenn sie nackt zu 8oer-Jahre-Musik tanzte, und jeden Samstag in der Küche ein Chaos veranstaltete, wenn er Pfannkuchen machte oder ihr einen Geburtstagskuchen buk. Einen Mann, mit dem sie improvisieren und mal eben aus einer Laune heraus eine Reise nach Afrika oder Brasilien buchen konnte. Aber vor allen Dingen brauchte Anita einen Mann, um ihr, wie sie es ausdrückte, »verdammt noch mal zu sagen, dass alles gut wird«. Das war ein merkwürdiger Perspektivenwechsel. Jahrelang, seit sie vielleicht sechzehn war, hatte sie das von niemandem hören wollen – weder von den Eltern noch ihren Freunden oder ihrem Freund. Nur sie selbst wusste, was das Beste für sie war. Heute, mit Anfang vierzig, hatte sie es satt, ihr einziger Bezugspunkt zu sein. Selbst für die kleinsten Aufgaben brauchte sie ewig. Jede Entscheidung, die sie allein traf, kam ihr vor, als ginge es um Leben und Tod. Auch wenn er nicht real war, glaubte sie, dass Joshua die Last ihrer Sorgen halbierte.

Bevor sie sich auf einer Decke ausstreckte, griff Anita nach ihrem Notizbuch und einem Stift. »EINSAMKEIT KANN TÖDLICH SEIN«, schrieb sie in Blockbuchstaben und zerknüllte spontan ihr letztes Päckchen Zigaretten. Das wäre ein toller Aufdruck für ein T-Shirt, dachte sie. Sie könnte es zur nächsten Party oder auf der Straße tragen, um sich als *einsam* zu outen, in der Hoffnung, einen Klub zu gründen oder so und vielleicht Gleichgesinnte anzulocken.

Einsamkeit ist eine weltweite Epidemie. Laut einer vergleichenden Umfrage hat sich zumindest in den USA die

Zahl der Menschen, die keinen Vertrauten haben, mit dem sie über wichtige Dinge reden können, in weniger als zwei Jahrzehnten, von 1985 bis 2004, fast verdreifacht.[1] Auf der anderen Seite des Großen Teichs sieht es kaum besser aus, wobei Großbritannien zu den einsamsten Ländern Europas gehört.[2]

Anitas Slogan ist kein Witz. Einsamkeit kann genauso wie Rauchen, Fettleibigkeit, Bewegungsmangel oder Luftverschmutzung zu einem frühen Tod führen.[3] Sie schädigt unseren Körper und verändert unsere Wahrnehmung der Welt und wie wir mit ihr interagieren. Sie verursacht Erschöpfung und Schlafstörungen[4] und geht einher mit Stress, Angst und Depressionen.[5] Sie wird mit erhöhtem Blutdruck und Schädigungen des Herz-Kreislauf-Systems in Verbindung gebracht.[6] Sie begünstigt zelluläre Entzündungsreaktionen und schwächt die Immunabwehr.[7] Sie kann sogar zu geistigem Verfall und schließlich Demenz führen.[8]

Anita spürte die Last der Einsamkeit, als schnüre es ihr unerbittlich die Brust zusammen. Sie litt nicht nur an chronischem Sodbrennen, sondern auch an Dyspnoe beziehungsweise der sogenannten Pseudo-Dyspnoe, was hieß, dass sie hyperventilierte, hustete und gelegentlich kurzatmig war.[9]

Wir bewohnen die Welt, teilen sie, nehmen sie wahr und interagieren mit ihr nicht nur mit dem Kopf, sondern mit unserem gesamten Körper.[10] Die Wechselhaftigkeit des Lebens und wie wir darauf reagieren, gehen auf Kosten unseres Gleichgewichts von Körper und Geist und wirken sich auf die Funktion von Organen, Gewebe und Zellen aus.

Anitas Freundin Inge hatte sie kürzlich gemahnt: »Wir müssen uns um deinen Parasympathikus kümmern!« Während sich der Sympathikus »einschaltet«, wenn wir mit Gefahr oder einem Notfall umgehen müssen, hilft uns das parasympathische Nervensystem dabei, Abstand von der Welt zu gewinnen, und dominiert, wenn wir es uns leisten können zu entspannen. Es übt Funktionen aus, die nicht unserer Aufmerksamkeit bedürfen, wie Herzschlag, Atmung und Verdauung.

Wenn wir auch ohne Sorgen oder Stress ständig auf der Hut sind, verübelt uns das der Parasympathikus. Wir können uns nicht entspannen. Und nicht nur das, auch einige der simplen, automatisch ablaufenden Funktionen, die er ausführt, gehen schief. Eine davon ist das Ablassen der Säuren aus dem Magen.

Anitas Brustschmerzen und Kurzatmigkeit waren nicht nur eine Folge dessen, was sie aß oder wie viel Kaffee oder Gin sie hinunterkippte. Sie waren auch eine Reaktion auf ihre Einsamkeit sowie ihre ständige Beschäftigung damit. Ein entscheidender Bestandteil des parasympathischen Nervensystems ist der Vagusnerv, ein langer Nerv, der von der Schädelbasis durch die Brust bis hinunter zu unseren Genitalien führt und empfindlich für soziale Interaktionen ist.[11] Neben vielen anderen Funktionen trägt der Vagusnerv zur Regulierung unseres Magen-Darm-Trakts bei. Wenn beim Vagusnerv etwas schiefläuft, werden Magensäuren nicht richtig entleert.[12] Wenn sich Säuren ansammeln und zurück in die Speiseröhre steigen, verätzen sie das Gewebe. Ist an den lokalen Nervenenden Säure vorhanden, signalisieren diese fälschlicherweise einen Sauerstoffmangel. Folglich hyperventilieren wir. Dann ist uns schwindelig, und wir sind gereizt, die Unruhe verschlimmert unsere Sorgen. Es ist ein Teufelskreis, und Anita war darin gefangen. Inge führte bei Anita Massagen und Akkupunktur durch. Sie gab ihr Kräuter und die üblichen Ratschläge, sich mehr zu bewegen und Sport zu machen. Schließlich war es weniger Erschöpfung denn Trägheit, die für Anitas Kurzatmigkeit sorgte. Anita fing an zu joggen und erinnerte sich an ein Zitat von Erma Bombeck: »Der einzige Grund, warum ich mit dem Joggen anfangen würde, wäre, mich mal wieder keuchen zu hören.«

An jenem Valentinstagmorgen saß Anita immer noch in ihrem Bett, als sie plötzlich aus dem Augenwinkel etwas wahrnahm. Es war ein Mann, der gewandt auf dem Giebeldach des gegenüberliegenden Hauses entlanglief, einen Moment lang hielt sie ihn für eine Katze. Sie schaltete ihr Handy ein, und es piepte. Eine E-Mail von ihrer Mutter:

Überraschung!! Sind am Flughafen. Landen gegen eins in Berlin, auf dem Weg nach Prag. Alles Gute zum Geburtstag, meine Kleine. Können es kaum erwarten, dich zu sehen – UND Joshua! Mami und Baba

Mist! Anita hatte ein Problem. Sie musste eine perfekte Ausrede erfinden oder das große Geheimnis lüften.

Bevor sie Joshua erfand, war Anitas Liebesleben für Ruth ein steter Quell der Sorge gewesen. Davon hing ihr Erfolgsgefühl als Mutter ab. Dass ihre Tochter, ihr Nesthäkchen – ihr »Goldschatz«, wie sie immer sagte – allein in einem fremden Land war, weit weg von ihrer Familie, erfüllte sie mit Traurigkeit. Und sie fragte sich naiverweise, wie anders es für Anita gelaufen wäre, wenn sie nie von zu Hause fortgegangen wäre. »Wenn Anita noch zu Hause wäre, hätte sie bestimmt schon einen Partner.« Dann sagte sie eine Liste heiratsfähiger Männer auf, die sie zusammengetragen hatte, indem sie Kollegen, Verwandte, Nachbarn und Freunde in der Synagoge befragt hatte. Der Druck, der auf Anita lastete, einen Partner zu finden und sesshaft zu werden, war enorm.

Ruth war ihrem Ehemann Steve bei einem Rosch-ha-

Schana-Dinner begegnet, obwohl er bereits in den Straßen von Brooklyn ein Auge auf sie geworfen hatte. Außerhalb des jüdischen Glaubens zu heiraten, war keine Option. Unerfahren wie sie war, frisch von der Highschool abgegangen, hatte Ruth ihre gesamte Familie hinter sich, als ihr Hochzeitstag nahte, und heiratete in eine andere große Familie ein. Ihre Ehe war keine arrangierte, ein *Schidduch*, aber sie erfüllte sehr wohl die Standards der elterlichen Zustimmung.[13]

Anita fürchtete den Vergleich zwischen den Generationen. Auf Familientreffen hörte sie von der Meute älterer Verwandter, einschließlich ihrer Eltern, unweigerlich den Spruch, der sie wie ein Giftpfeil traf: »Wie kann jemand wie du single sein?« Hübsch, klug, gebildet, belesen, mit einem Job und, sie scheuten sich nicht, es auszusprechen, aus guter Familie.

Wie ärgerlich. Wie unsensibel von ihnen allen, noch Salz in ihre Wunden zu streuen. Nicht nur, dass sie sich nun als Versagerin fühlte, ihre Verwandten verrieten auch ihr absolutes Unwissen darüber, was man heutzutage auf sich nehmen muss, um einen Partner zu finden, welche Etikette auf dem Singlemarkt herrschte. Ganz davon abgesehen, dass das Leben in Großstädten wie Berlin oder New York heute nicht mehr das ist, was es in ihrer Jugend in Brooklyn war.

»In deinem Alter war ich nicht nur verheiratet«, setzte Ruth an, und ohne sie ihren Satz beenden zu lassen, führte Anita ihn fort, »ich hatte auch schon ein Haus, einen Hund, dich und deinen Bruder!«

Anita hasste es, single zu sein, wusste aber, dass es in ihren Kreisen normal war. Obwohl sie die Ehe nicht ablehnte, war sie für Anita ein ferner, wohl nie erreichbarer Meilenstein. Für ihre Familie war Anita einfach nur spät dran. Die demografischen Zahlen sagen alles über die Kluft zwischen ihren Generationen: Die 1950er, als Ruth und Steve heirateten, waren definitiv ein goldenes Zeitalter für Eheschließungen.[14] Das mittlere Alter bei der ersten Heirat war sogar niedriger als 1890! Im Durchschnitt heirateten Frauen in den USA im Alter von 20,5 und Männer mit 24,0. 2010 stieg jenes Durchschnittsalter auf ein Rekordhoch der letzten hundert Jahre. Es betrug fast 27 bei Frauen und fast 29 bei Männern. Der Anteil von Männern und Frauen, die im Alter von 35 noch nie verheiratet gewesen waren, war ebenfalls hoch, nämlich jeweils 14 und elf Prozent.[15] Und unabhängig vom Trauschein leben immer mehr Menschen vollkommen allein: in Deutschland im Jahr 2014 17,1 Prozent.[16]

Wenn Anita Dinge wie Sexappeal erwähnte, oder die Ausdrücke »heiß« und »scharf« und inwiefern diese zu ihren Auswahlkriterien gehörten, wenn sie Männer betrachtete, sagte Ruth zu ihr:

»Glaubst du, ich hätte Baba nicht attraktiv gefunden? Ich habe mir den schönsten Mann unter denen ausgesucht, die mich wollten und verfügbar waren. Vielleicht war es eine große Illusion, aber sieh mal, wo wir jetzt sind. Wir haben keine andere Option gesehen, als zusammenzubleiben. Ich wusste nicht, ob ich schon bereit war – ich ließ mich einfach darauf ein. Ich schätze, es war Schicksal. Vielleicht hatte ich Glück.«

Glück. Es ist leicht, sich ein romantisches Ende als durch ein unberechenbares Schicksal herbeigeführt vorzustellen.

Gleichzeitig wünschten wir, wir könnten das Schicksal bestechen, es in ein erkennbares, vorteilhaftes Muster verwandeln, das zu unseren Zielen passt. Wir versuchen von Natur aus, den unaufhörlichen Schrei der Ungewissheit zum Schweigen zu bringen.[17] Wir würden Anfänge und Ausgänge gern vorhersagen, die Zukunft festnageln, selbst in Liebesdingen unseren Durst nach endgültigen Antworten stillen –

als würde es reichen, eine Strategie zu verfolgen, um ein erwünschtes Ergebnis zu erzielen.

Im Park, auf Partys oder in Cafés, sogar im Supermarkt ertappte Anita sich dabei, wie sie andere Pärchen anstarrte, die sich gegenseitig mit Grashalmen streichelten, mit geschlossenen Augen herumknutschten und ihren Einkaufszettel abarbeiteten.

Was hatten die, was sie nicht hatte? Was machte sie bereit, sich zu binden?

Die schlichte Tatsache, dass sie in einer Beziehung waren und Anita single, machte sie in ihren Augen zu etwas Besserem. Sie blickte zu ihnen auf, als wären sie die Hüter eines großen Geheimnisses – wobei sie oft die vielen Pärchen vergaß, die sie kannte, die in Streits und gegenseitigem Missverstehen untergingen. Auf der Suche nach Hinweisen auf ihr eigenes Versagen in der Liebe beobachtete sie sie und fragte sich, welche Merkmale und Eigenschaften wohl die erfolgreichen Zutaten für eine Beziehung waren. War es Zärtlichkeit oder eine Art unsichtbare Komplizenschaft? War es Liebenswürdigkeit? Direktheit, Respekt, Unabhängigkeit oder der Sex der vergangenen Nacht? Typischerweise schlussfolgerte sie nach solchen voyeuristischen Ausflügen: »Ich weiß einfach nicht, wie man liebt.«

Doch dann revidierte sie ihr erstes Urteil sogleich: »Das ist doch lächerlich. Natürlich weiß ich, wie man liebt.«

Sie überließ sich der Bewegung eines existenziellen Pendels: Ihr Selbstwertgefühl war das Gewicht, das von einer extremen Sicht zur anderen schwang, von Hoffnung zu Resignation.

Und noch über etwas anderes machte sie sich Gedanken: wie viel Zeit sie gewinnen würde, wenn sie einen Partner hätte. Sie glaubte, dass Menschen, die in einer Beziehung waren, eine Sorge weniger hatten. Sie konnten sich besser auf andere Aspekte des Lebens konzentrieren, wenn nicht das Problem, single zu sein, wie ein Damoklesschwert über ihnen schwebte. Darauf war sie neidisch und fürchtete, dass sich ihre Einsamkeit auf ihre Arbeit auswirkte. Konnten andere Menschen in ihrem Gesicht lesen, dass sie einsam war? Lag es daran, dass Kunden manchmal ihre Bilder nicht kauften oder sie einen Job nicht bekam? Hatte ihre Einsamkeit vielleicht die Leute abgeschreckt?

Einsamkeit trübt den Blick. Sie wird zu einem trügerischen Filter, durch den wir uns selbst, andere und die Welt sehen. Sie macht uns verwundbarer für Ablehnung und erhöht unseren allgemeinen Wachsamkeitspegel und unsere Unsicherheit in sozialen Situationen.

Zu große Isolation stört unsere Fähigkeit, Emotionen zu erkennen, zu verstehen und zu deuten. Wenn wir mit Bildern konfrontiert werden, die vier grundlegende Emotionen zeigen – Glück, Angst, Wut und Traurigkeit –, sind einsame Menschen weniger gut darin, sie zu interpretieren, als nicht einsame. Je einsamer sie sind, desto schlechter ihre Fähigkeit, sie zu unterscheiden.[18] Wenn wir einsam sind, sind wir auch weniger gut in der Lage, uns positive Erfahrungen zunutze zu machen.[19] Anstatt uns auf die freudvollen oder positiven Aspekte einer Sache zu konzentrieren, legen wir den Fokus auf das Negative. Wir geraten schneller in Stress, sind weniger optimistisch.

Eine Bildgebungsstudie des Gehirns zeigte aufschlussreiche Unterschiede in der Reaktion einsamer und nicht einsamer Menschen auf Bilder von Gegenständen oder anderen Menschen mit oder ohne sozialen Kontext. Wenn ihnen positiv konnotierte Bilder von anderen Menschen in einem sozialen Kontext gezeigt wurden, etwa einem Mann, der mit einem Hund läuft, reagierten die nicht einsamen Teilnehmer mit einer größeren Aktivierung im Belohnungszentrum des Gehirns. Bei einsamen Menschen passierte das nicht: Die Aktivität in ihrem Belohnungszentrum war höher bei Bildern von positiv konnotieren Gegenständen wie Geld oder einem Raketenstart und nicht bei solchen von Menschen, was auf eine gewisse Unfähigkeit hindeutet, auf soziale Stimulation zu reagieren und sie zu genießen.[20] Die Ergebnisse kehrten sich um, wenn die in der Studie verwendeten Fotos Menschen in Gefahr abbildeten, zum Beispiel einen Soldaten oder eine Frau, die geschlagen wurde. Verglichen mit den Nicht-Einsamen maßen die Einsamen diesen Bildern mehr Aufmerksamkeit bei, was eine höhere Aktivierung des visuellen Kortex verrät, aber sie empfanden auch weniger Empathie oder Sorge, was sich in einer schwächeren Aktivierung in einem Bereich des Gehirns zeigte, der uns hilft, intuitiv den Seelenzustand anderer Menschen zu erahnen oder ihren Standpunkt einzunehmen. Die Autoren der Studie deuteten darauf hin, dass uns eine geringere Offenheit für Angenehmes und größere Wachsamkeit für Bedrohungen möglicherweise einsamer machen kann. Einsamkeit zieht Einsamkeit nach sich, wie in einem Teufelskreis. Eine der am weitesten verbreiteten und verdrehtesten Auswirkungen der Isolation ist, dass es umso schwerer wird, sie zu überwinden, je mehr Zeit wir darin verbringen.[21]

Tagebuchschreiben, jahrelange Psychoanalyse, Yoga, feministische Texte, Gedichte, Akkupunktur, Chat-Foren, Frauenzeitschriften, die Grinberg-Methode und Inges Kräuter – es gab nichts, was Anita nicht ausprobiert hatte, um sich für die Liebe zu öffnen. Sie las jeden Tag das Horoskop für Wassermänner und wandte sich sogar einmal an eine Hellseherin, die ihr sagte, dass die Liebe im Alter von vierundvierzig an ihre Tür klopfen würde, in Form einer Heirat mit Aussicht auf ein Kind. Keine Scheidung.

Ohne zu zögern, schickte Anita die Weissagung Ruth.

In einer faszinierenden Analyse nutzt die Soziologin Eva Illouz die Kräfte, die in Marktwirtschaften wirken, um sich einen Reim aus der beeindruckenden Verschiebung der Dynamik bei der Suche nach einem Partner zu machen.[22] Kurz gesagt, erklärt sie, dass sich auf dem Feld von Dating und Partnervermittlung eine ganz neue »Ökologie« der Herzensentscheidungen und Partnerwahl ausgebreitet hat. Ein Bruch mit altmodischen Familien-, Gemeinschafts- und religiösen Netzwerken, eine Sehnsucht, bei Menschen eine harmonische Vereinigung von emotionaler und sexueller Attraktivität zu finden, und die Erweiterung der Auswahlmöglichkeiten, zum Beispiel durch die Einführung von Internet-Dating und der größeren Verfügbarkeit von unverbindlichem Sex, haben die Art verändert, wie wir nach potenziellen Partnern suchen und deren Eignung beurteilen. Je größer die Zahl der verfügbaren Optionen, desto geringer die Chance, sich für die eine oder andere zu entscheiden. Eine übermäßige Auswahl schmälert die Attraktivität, denn wenn es zu viele Wahlmöglichkeiten gibt, wird es schwieriger, ihren Wert zu schätzen. Wenn umgekehrt weniger Optionen zur Verfügung stehen, tritt ihr einzigartiger Reiz deutlicher hervor. Und mit ihm unser Verlangen danach.

In einer Studie, die in einem Lebensmittelgeschäft durchgeführt wurde, wurde solch ein überreiches Angebot präsentiert. Die Forscher stellten eine Auswahl qualitativ hochwertiger Marmeladen mit Kostproben aus. In einem Szenario konnten die Kunden aus sechs Sorten wählen. In einem anderen standen 24 Marmeladen zur Verfügung. Letztendlich lockte der Stand mit der breiteren Auswahl mehr Kunden an, doch in beiden Fällen probierten die Leute dieselbe Anzahl Marmeladen. Als sie durch einen geschenkten 1-Dollar-Gutschein ermutigt wurden, ein Glas ihrer Wahl zu kaufen, unterschieden sich die Reaktionen stark. Während 30 Prozent der Probanden, die sich der kleineren Marmeladenauswahl gegenübersahen, schließlich ein Glas kauften, taten das nur drei Prozent derer, die sich zwischen 24 verschiedenen Sorten entscheiden mussten.[23]

Wie im Fall der Marmeladengläser, verhindert ein Überangebot von Partnern ein Festlegen.

Der französische Mathematiker und Schriftsteller Blaise Pascal schrieb einmal: »Die Klarheit des Geistes verursacht auch die Klarheit der Leidenschaft: Darum liebt ein großer und klarer Geist mit Inbrunst, und er erkennt deutlich, was er liebt.«[24] Es ist eine attraktive Gleichung. Wie praktisch wäre es doch, wenn wir unsere Zuneigung rational lenken, das Chaos in Ordnung verwandeln könnten, indem wir schlicht das Pro und Contra, die Stärken und Schwächen abwägen. Aber Rationalität oder übermäßige Berechnung können in bestimmten Lebensbereichen mehr Schaden anrichten, als dass sie nützen.

Wir können unsere Gefühle nicht anhand von Analysen vorausberechnen. Genauso wenig können wir einen romantischen Ausgang vorhersagen. Einige Faktoren einer Entscheidung werden bewussten Überlegungen für immer verborgen bleiben. Mit anderen Worten: Logisches Denken kann Emotionen ersticken, was dazu führt, dass unsere wahren Intentionen nicht ans Licht kommen und wir falsche Entscheidungen treffen.

»Ich wusste nicht, ob ich bereit war«, sagte Ruth. Sie ließ es einfach auf sich zukommen. Die gesellschaftlichen Umstände ihrer Begegnung mit Steve waren andere, doch ihre Ehe hielt. Psychologische Forschungen zeigen, dass die anfänglichen Zufriedenheitspegel einer Beziehung, seien sie nun vielversprechend oder wenig hoffnungsvoll, auch auf den Verlauf der Beziehung über die Zeit hinweg zutreffen, sofern sie nicht überanalysiert werden. Zwei Gruppen von Paaren wurden gebeten, ihre Beziehung zu bewerten. Eine Gruppe äußerte spontan ihre Gefühle. Die andere Gruppe stufte ihre Zufriedenheit ein, nachdem sie die Gründe aufgelistet hatten, warum sie der Meinung waren, dass ihre Beziehung gut oder schlecht verlief. Monate später fielen das Scheitern oder der Erfolg der Beziehung bei denen, die impulsiv ihre Gefühle geäußert hatten, viel eher mit der anfänglichen Einstufung zusammen als bei denen, die darüber gegrübelt hatten.[25]

Anita vermittelte den Eindruck, dass sie verfügbar, aber niemand an ihr als Partnerin interessiert sei. Doch sie tat sich selbst schwer mit der Wahl. Verehrer oder diejenigen, die Ruth ihr vorschlug, waren nie die richtigen. Sie war zugleich Opfer und Komplizin des Überangebots. Anitas bereits verheirateten Freundinnen rieten ihr, bei Männern nicht so wählerisch zu sein. Sie klangen, als sei ihre Situation so verzweifelt, dass sie mit dem erstbesten Kerl gehen sollte, dem sie auf der Straße begegnete. Interessanterweise hat eine Studie gezeigt, dass es zumindest, was körperliche Eigenschaften wie Gewicht, Größe und Statur betrifft, meist riesige Diskrepanzen zwischen unserer Idealvorstellung unseres Partners und demjenigen gibt, mit dem wir in der Realität zusammenkommen.[26] Solche Diskrepanzen sind unter Frauen deutlicher, denen beigebracht wurde, körperliche Attraktivität als weniger wichtiges Auswahlkriterium anzusehen und dafür beispielsweise mehr Wert auf den sozioökonomischen Status zu legen.[27]

Viele klagen darüber, allein zu sein, aber entweder unternehmen sie nichts dagegen, oder sie gehen der Realität, einen Partner zu finden, immer wieder aus dem Weg, weil sie die damit verbundenen Kompromisse scheuen. Am Ende geht es jedoch denjenigen am schlechtesten, die dem Überangebot unterliegen – und sich für niemanden entscheiden.[28] Im Gegensatz dazu sind diejenigen, die sich vielleicht mit weniger zufriedengeben, als sie ursprünglich erwartet hatten, glücklicher und zufriedener. Auch wenn uns das Festlegen auf jemanden Angst macht, weil es andere Möglichkeiten ausschließt, ist es das, was uns letztendlich gesund und zufrieden macht.

Anitas Ablehnung gegenüber den Predigten ihrer Eltern, wie wichtig es sei, einen Partner zu finden, entsprang teilweise aus ihrem Bewusstsein, dass sie recht hatten. Es fiel ihr nur schwer, es zuzugeben. Der Trost, den wir erfahren, wenn wir uns nicht allein fühlen, ist unersetzlich. Authentische, bedeutungsvolle Bindungen mit Menschen, denen wir vertrauen können, sind, im Gegensatz zu oberflächlichen oder virtuellen Bekanntschaften, überaus gesundheitsfördernd (mehr als Besitz und eine auskömmliche finanzielle Situation).

Das Bedürfnis nach Nähe und die Sensibilität für Verlassenheit sind überall im Tierreich präsent. Fruchtfliegen leben länger, wenn sie ein soziales Miteinander erfahren.[29] Trennt man einen Wurf neugeborener Mäuse oder Ratten von ihrer Mutter, werden sie lautstark, mit unaufhörlichem Gefiepe und Geschrei und unter beträchtlichem Stress protestieren, bis sie wieder mit ihr vereint sind.[30] Wenn die Trennung in die Länge gezogen wird, löst sie eine Reihe physiologischer Konsequenzen aus, die das Wachstum und die Verhaltensentwicklung der Jungen beeinträchtigen.[31]

In diesem Zusammenhang spielt Berührung eine entscheidende Rolle. Entzieht man uns den Körperkontakt, sind wir bald ausgehungert nach Berührung. Bei der Entwicklung von Tieren – Menschen eingeschlossen – zählt Berührung sogar noch mehr als Nahrung. In den 1950ern zeigte dies Harry Harlow, ein amerikanischer Wissenschaftler, der in Madison, Wisconsin, wirkte, in einer Reihe bahnbrechender Experimente.[32] Er trennte Affenbabys bei der Geburt von ihrer Mutter und konfrontierte sie dann mit zwei ungewöhnlichen Arten von Ersatzmüttern. Die eine war nichts als ein Gebilde aus Maschendraht, aus dem eine Milchflasche ragte. Die andere, ebenfalls aus Draht bestehend, war mit einem weichen Stoff verkleidet. Obwohl sie nur von der ersten Mutter-Version Milch bekamen, klammerten sich die Affenbabys an die mit dem Stoff und schmusten mit ihr. In einer daran anschließenden Experimentenreihe testete Harlow, was passierte, wenn die Affenbabys Stress ausgesetzt wurden. In Gegenwart mechanischer, trommelnder Teddybären flüchteten sich die Affen zu den Stoffmüttern, umarmten sie und rieben sich an ihnen, um mit dem Stress fertigzuwerden, unabhängig davon, von welcher Mutter sie Milch bekamen.

Bei Menschen stellt Berührung eine Form des Trosts und einen lebenslangen Gesundheitsvorteil dar. Neugeborene, die über den Tag regelmäßig massiert werden, wachsen fast 50 Prozent schneller und zeigen vorteilhafteres Verhalten im Vergleich zu Säuglingen, die nicht so regelmäßig berührt werden, auch wenn sie dieselbe Menge Nahrung zu sich nehmen.[33] Umarmungen senken den Blutdruck und kurbeln unser Immunsystem an.[34] Eine Studie zeigte, dass Händchenhalten mit ihren Ehemännern bei Frauen das Unbehagen über einen drohenden, leichten Stromstoß minderte.[35] Ältere Erwachsene erfreuen sich besserer Gesundheit und brauchen weniger Arzttermine, wenn sie oft berührt werden, und das noch mehr, wenn sie selbst die Gelegenheit bekommen, Babys zu massieren.[36]

Wir leben in einer Gesellschaft des Berührungsentzugs, doch wir alle brauchen Körperkontakt. Zwischen Anita und ihren anderen Single-Freunden wurde es zu einem wiederkehrenden Witz, dass sie, wenn endlich jemand auftauchte, der sie zärtlich und liebevoll berührte, erst mal in Entkalker baden müssten, weil die Schicht ihrer Isolation so dick war. Von New York bis Tokio haben in letzter Zeit Geschäfte eröffnet, in denen man Umarmungen kaufen kann. Derartige Initiativen sind symptomatisch für ein dringendes Bedürfnis nach Körperkontakt in unserer Gesellschaft, dessen Ermangelung, wie wir gesehen haben, dauerhafte, schädliche Folgen haben kann. Körperkontakt muss man lernen.

Kürzlich hat eine Studie in den Gehirnen von Mäusen eine Neuronenpopulation mit einer Funktion identifiziert, die die bedeutende Rolle sozialer Interaktion bestätigt.[37] Wenn die Mäuse einem akuten Zeitraum der Isolation ausgesetzt wurden, verstärkten diese Neuronen ihre Synapsenverbindungen, als würden sie die neuen, erschwerten Bedingungen gemeinsam zur Kenntnis nehmen oder dagegen protestieren. Wenn die isolierten Mäuse wieder mit anderen Mäusen vereint wurden, schlug die Aktivität derselben Nervenzellen in Reaktion auf die Wiederherstellung des sozialen Kontakts hoch aus, und die Tiere waren geselliger im Vergleich zu denen, die nicht der Einzelhaft ausgesetzt gewesen waren. Interessant war, dass die Mäuse, die isoliert worden waren, nur dann jene Nervenzellen stimulierten, wenn sie wussten, dass eine andere Maus da war, was vermuten lässt, dass die Aktivierung dieser Nervenzellen, wenn man allein ist, ein unangenehmes Gefühl der Einsamkeit hervorruft, das sie vermeiden wollten. Jene Neuronen waren ein sensibles Ziel für die Erfahrung der Einsamkeit, aber auch ein nützliches Mittel, um sich davon zu erholen. Diese subtilen, erstaunlichen Erkenntnisse von Verschiebungen der psychologischen und verhaltensmäßigen Reaktionen auf Veränderungen der Gehirnaktivität und dem Wohlbefinden einzelner Nerven wie dem Vagusnerv bis hin zu der Reaktionsfähigkeit einer bestimmten Neuronenpopulation bestätigen die Theorie, dass es sich bei dem Zusammenspiel von Körper und Geist innerhalb des sozialen Gefüges um eine sorgfältig gesteuerte Angelegenheit handelt, die auch hoch anfällig für Störungen ist.

Es scheint, als lebten wir heute in einer Gesellschaft, die kollektiv zwischenmenschliches Agieren extrem schwierig macht, obwohl wir wissen, dass das Wunder der Nähe im Hinblick auf die Verbesserung unserer Lebensqualität wirkt. Tatsächlich ist es eine frustrierende Realität unserer Spezies, dass unsere natürliche Neigung, mit anderen in Beziehung zu treten, derart betäubt wird.

Unabhängig davon, ob sie sich als überlebensfähig herausstellt oder nicht, würde selbst die kürzeste Beziehung und die Bestätigung, die Anita dadurch erhalten würde, all ihre Sorgen und Symptome verschwinden lassen.

Was tun wegen Joshua?

Ruth und Steve würden bald bei Anita vor der Tür stehen, und Anita hatte nicht viel Zeit, um sich zu entscheiden. Sollte sie ihren erfundenen Freund begraben und ihren Eltern ihre Einsamkeit eingestehen oder ihn am Leben erhalten und weiterhin lügen? Sie war innerlich zerrissen und schämte sich wegen der ganzen Sache. Einerseits hätte sie ihren Eltern gern erzählt, dass alles erfunden war, in der Hoffnung, Verständnis und Trost zu erfahren. Andererseits war es vielleicht einfacher, weiterhin Theater zu spielen. Aber wie lange würde sie das noch durchhalten können? Ihre Einsamkeit würde in beiden Fällen bleiben. Der Freund, der gelegentlich als Joshua mit ihr für Selfies posiert hatte, war nicht in der Stadt, was ein Segen war, dachte sie, denn wer weiß, ob er in der Lage gewesen wäre, die Rolle live und direkt vor den Augen ihrer Eltern zu spielen. Sie dachte darüber nach zu erzählen, dass sie und Joshua sich gerade getrennt hatten. Aber dann hätte sie erklären müssen, wie, warum und wann genau, und sich überlegen müssen, ob sie traurig oder froh war, ihn los zu sein. Zu viele Erklärungen, ein noch größeres Theater und noch fettere Lügen.

Als Ruth und Steve Anita allein ins Restaurant kommen sahen, kamen sie gar nicht erst dazu, irgendwas zu sagen:

»Joshua ist dienstlich unterwegs. Er wird nicht dabei sein können.«

»Wirklich? An deinem Geburtstag?«, fragte Ruth.

»Ja, eine Ausstellung.«

»Können wir ihn nicht anrufen? Ich würde mich gern mit ihm unterhalten.«

Unauffällig stupste Steve unter dem Tisch Ruths Bein an und sagte: »Anita, mein Schatz, du stellst uns Joshua vor, wann immer dir danach ist. Und jetzt lass uns unsere gemeinsame Zeit genießen. Wir haben dich vermisst.«

Auf dem Weg zurück ins Hotel sagte Ruth zu Steve: »Ich habe den Eindruck, wir werden Joshua nie kennenlernen, jedenfalls nicht diesen – meinst du nicht auch?«

»Natürlich nicht. Aber lassen wir sie in dem Glauben, wir würden es nicht merken, bis der echte auftaucht.«

»Oh, mein kleiner Goldschatz«, sagte Ruth.

Wieder in ihrer Wohnung, stieg Anita in ihr Bett und starrte aus dem Fenster. Am Horizont tauchte schwach und unscharf ein neues Jahr vor ihr auf. In einen imaginären Freund zu investieren, war eindeutig Energieverschwendung gewesen. Und außerdem eine starke Ablenkung von der Realität. Anitas größtes Problem war ihre Hartnäckigkeit, die Entwicklungen ihres Liebeslebens vorhersagen und manipulieren zu wollen. Sie verstand noch nicht, wie man mit Ungewissheit umgeht. Sie musste sich von der Illusion lösen, dass sie den perfekten Partner finden – oder erfinden – konnte, und stattdessen daran arbeiten, bereit für einen Partner zu sein, der vielleicht nicht perfekt war. Dadurch würde sich die Wahrscheinlichkeit, dass er auftauchte, sicherlich nicht erhöhen, aber es würde sie weniger anfällig für Enttäuschungen machen.

Wenn uns ständig etwas vorenthalten wird, wonach uns dürstet, neigen wir dazu, die Zuversicht komplett zu verlieren. Wir haben Angst, dass unsere Wünsche möglicherweise niemals erfüllt werden. Wenn wir Angst haben, ist es schwieriger, die Hoffnung nicht zu verlieren. Wenn wir es aber mit etwas zu tun haben, das sich völlig unserer Kontrolle entzieht, ist das Beste, was wir tun können, offen zu bleiben, mit all unseren Sinnen, und unsere Pläne beiseitezuschieben. Das bedeutet nicht, dass wir plötzlich an Schicksal glauben oder die erstbeste Gelegenheit wahrnehmen müssen. Es bedeutet, dass wir Raum für das Unerwartete schaffen sollten, das oft hinter der nächsten Ecke auf uns wartet.

So haben wir auch die Chance, unsere Aufmerksamkeit auf die Gegenwart und auf das zu richten, was uns allein stärker und glücklicher macht. So fällt es leichter, Prioritäten zu setzen. An manchen Tagen fand Anita Trost in ihrer Kunst. An anderen fand sie Ersatz für Joshua in Freunden, Reisen und anderen täglichen Freuden. Whiskey ließ sie nie allein.

Vielleicht beginnt und endet Nähe immer bei uns selbst.

ZEITSPRÜNGE

ÜBER LIEBE ALS PROZESS

Es ist spät am Silvesternachmittag, und Aidan ist unterwegs, um Veilchen für seine Frau Carrie zu kaufen. Es ist ihr fünfunddreißigster Jahrestag, oder der einundzwanzigste, je nachdem, wie sie zählten. Die letztere Zählweise bedeutete, dass sie ihren Bund nur in den Jahren feierten, in denen der Zeit eine Schaltsekunde hinzugefügt wurde, denn es war in der letzten Nacht des Dezembers 1973 gewesen, als eine Schaltsekunde ihre Beziehung für immer ins Rollen gebracht hatte.

Seitdem hat das Leben es gut mit ihnen gemeint, und wenn er darauf zurückblickt, wie alles angefangen hat, fühlt Aidan sich als sehr glücklicher Mann. Er besorgt die Blumen an demselben Stand, wo er Carrie die erste Rose gekauft hat, streift durch dieselben Straßen wie als junger Kerl. Nur, dass er jetzt langsamer geht als damals, und er hat es auch nicht eilig. Den Pub, wo sie früher immer ihren Sonntagsbraten gegessen haben, gibt es immer noch, und auch den Zeitungskiosk, wo Carrie einmal im Monat ihre Lottoscheine kaufte. Das örtliche Kino ist schon lange verschwunden.

Aidans Kopf ist voller Erinnerungen, und seine Liebe für Carrie ist nach all den Jahren größer denn je.

Zum ersten Mal begegneten sich ihre Blicke dank eines Umwegs. Aidan war Buchhalter in Covent Garden. Eines Abends stand er auf seinem Nachhauseweg vom Büro, den er zu Fuß zurücklegte, plötzlich vor einer Baustelle. »Scheiße«, sagte er. »Ich hoffe, die kriegen das schnell hin.«

Wegen der Baustelle hätte Aidan einen Block umrunden, eine stark befahrene Straße überqueren und einen Parkplatz passieren müssen, aber ihm fiel auf, dass es eine bequemere Abkürzung war, wenn er zum Vordereingang dieser alten Buchhandlung hineinging und sie zum Hinterausgang wieder verließ, die ihm zudem bestimmt fünf Minuten sparte. Aidan war nie eine große Leseratte gewesen. Er hatte den Laden zuvor vielleicht ein- oder zweimal betreten, um sich bei einem Regenguss unterzustellen und ein paar Minuten damit zu verbringen, sich Poster von Landkarten oder Comic-Heftchen anzusehen. Aber an jenem Abend stand Carrie hinter dem Informationstresen vor der Lyrikabteilung, ein Schwan mit grünen Augen, einem Kleid und Lippenstift.

»Donnerlittchen … dank der Baustelle verfalle ich noch der Literatur!«, dachte Aidan. Und so kam es auch. Auf seinen neuen umständlicheren Nachhauseweg wartete Aidan den ganzen Tag. Jeden Wochentag zwischen fünf und sieben, je nachdem, wann er das Büro verließ, kehrte er zurück in der Hoffnung, Carrie anzutreffen. Bei seinem zweiten Besuch fragte er sie ungeniert nach ihrem Namen. Er fing an, so zu tun, als interessiere er sich für Lyrik, indem er wahllos Fragen über Autoren und ihr Leben stellte, und Carrie tat so, als durchschaue sie nicht, dass es nur gespielt war.

Wenn Carrie mal nicht in der Nähe war, wartete er und blätterte den einen oder anderen Band durch. Manchmal versteckte Carrie sich hinter den Regalen, um zu testen, wie lange er ausharren würde.

»Also, ich habe einen Vorschlag«, sagte Aidan, nachdem sie fast einen Monat lang geflirtet hatten.

»Und zwar?«

»Wenn wir uns morgen wieder hier treffen, gehen wir zusammen irgendwo was trinken.«

»Abgemacht!«

Am Tag darauf verließ Carrie keine Sekunde lang den Tresen, nicht einmal, um auf die Toilette zu gehen. Es war Sommer, und Aidan erschien, in jeder Hand eine Eistüte, und zog eine klebrige Spur hinter sich her.

Die Zeit, was für ein merkwürdiges Detail, denkt Aidan heute bei sich. Ein Kind und zwei Hypotheken später, diverse Krankheiten, ihr eigener Buchladen, ein paar größere Streits, aber vor allem jede Menge Lachen, stehen die beiden kurz vor der Rente und zählen immer noch die Segnungen ihrer unsterblichen Vereinigung. Wenn man sie fragt, können sie nicht sagen, was sie so lange zusammengehalten hat.

In denselben Straßen sind wieder Baustellen, nur größere, und Aidan wünschte, er könnte ihnen gegenüber nachsichtiger sein. Ganze Erdstreifen werden herausgerissen, herumgeworfen und überall verstreut. Woche für Woche, Schicht für Schicht, Ecke für Ecke schaben Bagger und Presslufthammer Sohos Kruste ab, wühlen in seinen Eingeweiden und legen seine Venen offen, die alten Wasserrohre, die immer wieder platzen und ersetzt werden müssen.

Ihr Einundzwanzigster: Wieder wird um Mitternacht eine Schaltsekunde zwischen sie kommen. Ein Souvenir der Vergangenheit oder ein Raub der Zukunft. Aidan erinnert sich, wie die Meinungen und Erklärungen der Experten die Nachrichten gefüllt hatten und dass er und Carrie sich staunend über die Schaltsekunde unterhalten hatten. Bei der zusätzlichen Sekunde ging es darum, die Uhren an die Planeten anzupassen, gewissermaßen um die Falte zwischen menschengemachter Zeit und der größeren astronomischen Ordnung glatt zu bügeln. Die Zeit, die uns auf dem Computer angezeigt wird, tickt genau so, dass ein Tag und eine Nacht 24 Stunden dauern, die insgesamt 86 400 identische Sekunden beinhalten. Aber auch, wenn wir es nicht wahrnehmen, braucht die Erde gelegentlich etwas länger, um sich um sich selbst zu drehen, weil ihr inneres Gewackel und Gewühle durch Erdbeben oder andere Gesteinsschmelzen ihre Drehung verlangsamen. Auch die Gezeiten, durch die Anziehungskraft des Mondes beeinflusst, behindern sie. Wenn die Wissenschaftler diese unvorhersehbaren Verzögerungen ausgleichen müssen, einigen sie sich darauf, das Jahr um eine Sekunde zu verlängern, was vorzugsweise am 31.12. geschieht.[1]

Im Jahr ihrer ersten gemeinsamen Schaltsekunde, 1973, hoffte Aidan am Ende eines langen Arbeitstages, Carrie in der Buchhandlung zu treffen. Heute backt sie in ihrem gemeinsamen Zuhause zur Feier des Tages einen Kuchen. Wenn er jetzt vor der U-Bahn-Station Goodge Street steht, lächelt Aidan beseelt, so süß ist die Erinnerung daran, was 21 Schaltsekunden zuvor dort passierte.

In einem von Herzen kommenden Brief teilt der deutsche Dichter Rainer Maria Rilke seinem Freund Friedrich seine jüngste Schlussfolgerung über die Funktionsweise der Liebe mit: »Da habe ich immer und immer wieder erfahren, dass es kaum etwas Schwereres gibt, als sich lieb haben. Dass das Arbeit ist, Tagelohn, Friedrich, Tagelohn; weiß Gott, es gibt kein anderes Wort dafür.«[2]

Vertraulichkeit ist kein unabänderliches Talent, sondern eher eine Reise. Wie andere Fertigkeiten vervollkommnet sie sich durch Versuch und Irrtum. Intimität und Nähe bedeuten das Aufführen, Proben und Verfeinern verschiedener Arten der Verbindung. Jedes Mal, wenn wir anfangen, eine Beziehung aufzubauen, haben wir eine Chance, zu *lernen*, wie Intimität funktioniert, sowohl kurz- als auch langfristig. Ob die Verbindung ein paar Monate, Jahrzehnte oder ein Leben lang hält, die Verfeinerung erfordert Zeit.

Zeit ist eine wesentliche Dimension der Erforschung des Geistes, doch wie der Geist, oder das Gehirn, die Zeit verfolgt und wie wir sie in einer Bandbreite von Ereignissen und Situationen wahrnehmen, ist immer noch eine ungeklärte Frage.[3] Seit etwa 1800 werten Studien der Mentalen Chronometrie den zeitlichen Verlauf geistiger Ereignisse aus.[4] Diese Studien konzentrieren sich vor allem darauf, die unterschiedlichen Reaktionszeiten von Personen im Zusammenhang mit kognitiven Aufgaben von unterschiedlichem Schwierigkeitsgrad zu messen. Die Betrachtung einer zeitlichen Dimension zwischenmenschlicher und emotionaler Vorgänge ist ebenso zentral, jedoch eine relativ neue Ergänzung zu Laboruntersuchungen. Techniken wie die funktionelle Magnetresonanztomografie (kurz: fMRT) wurden ausgiebig genutzt, um Gefühle auf der Landkarte des Gehirns einzuzeichnen. Es besteht jedoch keine Eins-zu-eins-Entsprechung zwischen einem bestimmten Gefühl und einem Bereich des Gehirns. Die gesamte jeweils mit einer Emotion verbundene Aktivität wird über Netzwerke von Regionen hinweg geteilt, die parallel arbeiten. Eine Region ist vielleicht hauptsächlich an einer bestimmten Emotion beteiligt, unterstützt aber gleichzeitig die Verarbeitung anderer und liegt ihnen zugrunde.[5] In diesem Geflecht aus Netzwerken hat koordinierte Zeitdynamik Priorität. Was zählt, ist nicht nur die Größenordnung einer Emotion, sondern auch ihre zeitliche Breite oder wie lang es dauert, einen gewissen Grad ihrer Intensität zu erreichen oder zu verlieren.[6]

Unser Gefühlsleben und unsere sozialen Interaktionen entfalten sich in unterschiedlichen Zeitmaßstäben.[7] Wenn wir mit anderen interagieren, beobachten wir, nehmen wahr, schauspielern, erinnern uns, imitieren, teilen und vergessen. Möglicherweise nehmen wir Gewohnheiten an, ändern sie oder legen sie ab. Dinge passieren in Submillisekunden, Minuten, Stunden, Tagen und Wochen. Sogar Monaten und Jahren. Von den Schwingungen neuronaler Wellen zu einem erhöhten Stromfluss von Nerv zu Nerv, vom Ausstoß neurochemischer Stoffe zur Beschleunigung der Atmung und von der Vermehrung von Neuronen zum epigenetischen »Tagging« der DNA spielt sich die Physiologie des Zusammenseins in unterschiedlichen Geschwindigkeiten ab. Es dauert weniger als einen Augenblick, einen Gesichtsausdruck zu registrieren oder nachzuahmen. Wütende oder freudige Reaktionen können innerhalb von Sekunden ihren Höhepunkt erreichen. Aber damit unsere Stimmung steigt oder sinkt, braucht es vielleicht ein paar Minuten. Das Abgewöhnen eines unerwünschten, automatisierten Verhaltens kann Jahre dauern. Wir könnten fragen: Wie lange dauert es, jemanden wirklich kennenzulernen?

Jedes Individuum hat seinen eigenen Zeitmaßstab als Teil seines emotionalen Stils, der wiederum ein Resultat aus genetischer Veranlagung und biografischer Erfahrung ist. Bei einem Paar treffen diese beiden Maßstäbe aufeinander, lassen sich vergleichen und anpassen. Das erfordert Verständnis und Willensakte. Aidan ist schneller als Carrie, wenn es darum geht, einen Streit anzuzetteln oder sich davon zu erholen. Während er es schnell wieder vergisst, brütet Carrie tagelang über Kleinigkeiten. Andererseits fängt Carrie rasch seine Stimmungen auf, während Aidan gelegentlich Erklärungen für ihre Worte oder Handlungen braucht. In einem Versuch, individuelle Unterschiede in emotionalem Stil und Reaktion aufzudecken, hat die Forschung begonnen, sich die zeitliche Dynamik genauer anzusehen, auch in Verbindung mit unterschiedlichen Persönlichkeitszügen oder Bedingungen. Zum Beispiel brauchen Neurotiker – die zu negativer Emotionalität neigen und darin verharren – länger, um sich von der Anspannung eines aufwühlenden Ereignisses zu erholen. Der Teil des Gehirns, dessen Aufgabe es ist, mit jenem Ereignis fertigzuwerden – die Amygdala, um genau zu sein –, fährt langsamer herunter.[8] Ähnlich ist es, wenn wir deprimiert sind, dann kann unsere Amygdala zehn bis 15 Sekunden länger brauchen, um sich von der Auswirkung von Worten zu erholen, die mit einer negativen Stimmung verknüpft sind.[9]

Wir fragen uns vielleicht, wie lang es dann dauert, Intimität aufzubauen. Die Antwort auf diese Frage hängt sowohl stark von dem Grad der Nähe als auch von den beteiligten Individuen ab. In einigen Studien wurde versucht, Intimität künstlich zu erzeugen. Vom Austausch von Geheimnissen und gegenseitigem Anstarren bis hin zur Selbstoffenbarung und der Bekundung von Wehrlosigkeit wurden Techniken entwickelt, die dabei helfen sollten, Nähe entstehen zu lassen und über eine längere Zeit hinweg aufrechtzuerhalten.[10] So hilft zum Beispiel eine simple Körperübung, bei der man sich rückwärts in die Arme eines Partners fallen lässt, Gefühle von Verwundbarkeit und Vertrauen zu nähren, beides wesentliche Zutaten bei der Schaffung von Nähe.

Eine der ersten Studien, die untersuchte, ob Nähe zwischen Fremden tatsächlich erzeugt werden kann, fand bereits 1997 statt.[11] Zwei Gruppen von Teilnehmern (in diesem Fall alle heterosexuell) wurden in Paare aufgeteilt und gebeten, sich etwa 45 Minuten lang miteinander zu unterhalten. Eine Gruppe von Paaren machte Small Talk. Die Paare in der anderen Gruppe stellten sich gegenseitig Fragen, bei denen zunehmend persönliche Details preisgegeben werden sollten. Bei den persönlichen Fragen ging es um Eigenschaften, Wünsche, Ziele, Werte oder Geheimnisse und peinliche Erlebnisse einer Person sowie Informationen über die Beziehung zu Familienmitgliedern. Zum Beispiel: »Wofür bist du in deinem Leben am dankbarsten?« oder »Wie viel Nähe und Wärme gibt es in deiner Familie?« und »Wann hast du das letzte Mal vor einem anderen Menschen geweint?«. Als die Forscher am Ende des Durchgangs die Pegel der Nähe zwischen den Teilnehmern beider Gruppen maßen, gaben die Paare einen umso höheren Nähegrad an, je mehr persönliche Details sie ausgetauscht hatten. In einem ähnlichen, jüngeren Experiment wurden zufällig ausgewählte Teilnehmer eines Speeddatings gebeten, so zu tun, als wären sie bereits ineinander verliebt.[12] Die generelle Idee hinter dem Rollenspiel war, dass die Nachahmung einer Emotion die Macht hat, diese nachhaltig zu erschaffen. Wie im vorherigen Experiment tauschten die Teilnehmer persönliche Details und Geheimnisse aus. Unter dem Vorwand des Handlesens, wurden die falschen Pärchen auch ermuntert, die Hand des anderen zu berühren. Darüber hinaus blickten sie einander bewusst in die Augen, wovon man weiß, dass es mehr Macht hat, eine Verbindung herzustellen, als jemand anderem einfach generell ins Gesicht zu sehen.[13] Am Ende äußerten 45 Prozent der Teilnehmer den Wunsch, sich wiederzutreffen.

Ein weiteres Experiment sah sich die neuronalen Substrate an, die die ersten Eindrücke potenzieller Partner unterstrichen, die sich bei einem Speeddating begegneten.[14] Das Ergebnis der Studie enthüllte, dass die Gehirnaktivität bei Menschen mit dem Interesse, jemanden zu umwerben, in zwei unterschiedlichen Teilen eines Hirnareals verzeichnet werden kann, das dorsomedialer präfrontaler Kortex genannt wird, wobei der eine körperliche Attraktivität beurteilt und der andere psychologische Kompatibilität.

Obwohl eine fünfminütige oder einstündige Interaktion in einer Versuchssituation eine gewisse Nähe erzeugen kann, ist jene Intimität nicht vergleichbar mit der Loyalität und Abhängigkeit, die aus einer ausgedehnten gemeinsamen Geschichte der Vertrautheit in Verhalten und Emotionalität entsteht. Einige der Techniken, die angewendet wurden, um Intimität zu erzeugen, wurden innerhalb von Beziehungen getestet, um diese zu verbessern, was die Möglichkeit bestätigt, dass, wie es zum Beispiel in arrangierten Ehen passieren kann, Verbindlichkeit, Verständnis und Übereinkunft zwischen Menschen wachsen können, die nicht auf Leidenschaftlichkeit fußen. Wie Rilke sagen würde, dieses ganze Bestreben erfordert Mühe.[15]

Mit einem Strauß Veilchen in der Hand biegt Aidan nach rechts zum Krankenhaus ab, wo sein Sohn Anton arbeitet. Anton beschloss, Kinderarzt zu werden, nachdem er die Leukämie besiegt hatte. Kurz nach seiner Geburt hatten Aidan und Carrie ihn aus einem Kinderheim in Kiew geholt. Während Antons Krankheit standen Aidan und Carrie vor den schwersten Entscheidungen ihres Lebens. Sie waren fast noch Kinder, als sie die Diagnose erhielten, doch sie mussten schnell erwachsen werden, um all die Weisheit anzusammeln, die sie brauchten. Machtlos, wie sie waren, wehrten sie sich doch mit aller Macht. Die Tränen flossen, als der Arzt die positive Prognose überbrachte, ihre Zukunft schien wieder zu strahlen. Nach jener Prüfung, bei der sie eine Entscheidung nach der anderen hatten treffen müssen, gab es keine Herausforderung, der sie nicht gewachsen waren. Gefahr hat die Macht zu verbinden. Und Aufopferung ebenfalls.

Beziehungen reifen. Wie andere Aspekte unserer Persönlichkeit zeigt Bindung eine zeitliche Entwicklung, die sich in verändertem Verhalten spiegelt und von physiologischen Veränderungen unterstrichen wird. Die euphorische Tollheit eines liebestrunkenen Pärchens mit Schmetterlingen im Bauch unterscheidet sich von der Zufriedenheit und dem Vertrauen, das Partner in einem lang bestehenden heimischen Nest genießen. Jahrzehntelange Forschungen haben ein paar ganz bestimmte Moleküle als den Antrieb hinter verschiedenen Liebesphasen ausgemacht. Es ist definitiv nicht alles schwarz-weiß, aber so viel kann man sagen: Der Neurotransmitter Dopamin steuert die frühe, leidenschaftliche Blindheit und Besessenheit in der romantischen Liebe, während Oxytocin und Vasopressin eher für langfristige Bindungen zuständig sind.[16] Zur Erklärung: Kein einzelnes Molekül ist gleichzusetzen mit oder verantwortlich für eine bestimmte Emotion, Stimmung oder Neigung, geschweige denn ein bestimmtes Bindungsverhalten. Die Manifestationen unserer Gefühle und Einstellungen zur Intimität resultieren aus dem Zusammenspiel zahlloser paralleler Vorgänge in unserem Körper und komplizierter Zusammentreffen und Schwankungen von neurochemischen Stoffen im Gehirn, die steigen und sinken, sich verteilen und konzentrieren, während wir von einem Gemütszustand in den anderen rasen.

Dopamin ist dafür bekannt, Verlangen zu wecken. Es sorgt für Erregung und Motivation. Es wird im Belohnungszentrum des Gehirns ausgeschüttet, einem alten und wesentlichen Bauelement, das wir mit anderen Lebewesen von den Bienen bis zu den Elefanten gemeinsam haben und durch das wir das Vergnügen der Erwartung angenehmer Belohnungen erleben und uns daran erinnern, einschließlich Essen und Sex. So winzig sie auch sind, Oxytocin und Vasopressin sind entscheidend für verschiedene Aspekte des Sozialverhaltens.[17] Sie zirkulieren im Gehirn und erreichen über die Blutbahnen auch Organe wie Herz und Darm, ebenso wie bei Frauen den Uterus und bei Männern die Hoden. Der Name Oxytocin stammt von einem griechischen Wort ab, das wörtlich »schnelle Geburt« bedeutet. Bei der Geburt und beim Stillen produzieren Mütter große Mengen Oxytocin, das auch ihre Bindung an das Neugeborene festigt. Oxytocin wird außerdem beim weiblichen Orgasmus freigesetzt. Vasopressin, das sich aus den lateinischen Wörtern für »Gefäß« und »Druck« zusammensetzt, erreicht bei Männern seinen Höchststand bei der Ejakulation. Oxytocin und Vasopressin können helfen, Stress und Angst zu reduzieren, und fördern Vertrauen und soziale Bindungen.

Vieles, was wir über ihre Rolle bei der Paarbildung wissen, hat sich aus der Beobachtung des Verhaltens zweier verschiedener Feldmausarten ergeben: der Bergwühlmäuse und der Präriewühlmäuse. Erstere sind promiskuitiv, Letztere monogam. Was zu der Treue der Präriewühlmäuse beiträgt, ist eine größere Anzahl von Oxytocin- und Vasopressinrezeptoren in ihren Gehirnen.[18] Mehr Oxytocin lässt Weibchen an ihren Partnern festhalten. Vasopressin fördert bei Männchen den Besitzanspruch auf ihre Partnerinnen ebenso wie Territorialverhalten und Aggressivität bei der Verteidigung der Jungen.[19]

Nun können wir nicht sagen, dass Dopamin oder Oxytocin und Vasopressin exklusiv vorhanden sind oder jeweils eine ungeteilte Rolle bei der leidenschaftlichen Lust oder der verbindlichen Partnerschaft spielen. Dopamin, das nicht auf die anfänglichen Phasen romantischen Verlangens beschränkt ist, wird jedes Mal produziert, wenn wir etwas

Neuem begegnen oder etwas erwarten – beispielsweise die Ankunft einer geliebten Person am Flughafen –, selbst nach fünfunddreißig Jahren Ehe. Oxytocin und Vasopressin gehören auch zum anfänglichen Verliebtsein. Eine Studie hat gezeigt, dass Pärchen, nur wenige Monate nachdem sie sich verliebt hatten, viel Oxytocin im Blut haben, sogar in größeren Mengen als bei frisch gebackenen Eltern.[20] Sechs Monate später wurde festgestellt, dass diese Pegel nicht gesunken waren. Stattdessen stabilisierten sie sich, und je höher die ursprüngliche Menge an Oxytocin war, desto ausgeprägter auch der Grad der Reziprozität bei den Paaren.

Die Ergebnisse legen nahe, dass Oxytocin und Vasopressin Eigenschaften und damit zusammenhängende Verhaltensweisen wie Vertrauen, Empathie, Großzügigkeit und Dialogfähigkeit fördern, die besonders später in einer Beziehung, in den reiferen Phasen der Bindung, nützlich werden.[21] Heterosexuelle Paare, die vor einer Diskussion heikler Themen wie Finanzen oder Freizeit Oxytocin einnahmen, verbrachten zum Beispiel mehr Zeit damit, einander in die Augen zu schauen, und wogen eher ab und öffneten sich dem anderen, anstatt Kampfbereitschaft, Kritik oder Geringschätzung an den Tag zu legen, und nach der Auseinandersetzung sank sogar ihr Kortisolspiegel, der ein Indikator für Stress ist.[22]

Die offensichtlichen neurochemischen Schwankungen, die den Unterschied von einer frühen, jungen Phase der Bindung zu einer reiferen kennzeichnen, werden besonders interessant in Bezug auf das Funktionieren unserer inneren Uhr und unser subjektives Zeitempfinden.

Aufbauend auf Erfahrung und Erinnerung, hilft uns unsere innere Uhr, eine Zeitdauer (und die Wartezeit auf Ereignisse) vorherzusagen und einzuschätzen. Wie so viele unserer Fähigkeiten, verschlechtert sich die Genauigkeit unserer inneren Uhr mit dem Alter. Was vor allem mit dem Alter ausgeprägter wird, ist die Verdichtung von Zeit, beziehungsweise der Eindruck, dass eine gegebene Zeitdauer kürzer scheint, als sie es in Wahrheit ist. Diese Verknüpfung zwischen dem fortschreitenden Alter und dem Präzisionsverlust der inneren Uhr wurde durch ein schlichtes, aber elegantes Experiment bewiesen.[23] Teilnehmer verschiedener Altersgruppen, zwischen zwanzig und etwa sechzig Jahren, wurden gebeten, drei Minuten zu warten und Bescheid zu sagen, wann ihrer Meinung nach die Zeit vorüber war. Die Jüngeren waren in ihren Schätzungen ziemlich genau, sie wichen durchschnittlich höchstens drei Sekunden ab. Die Schätzungen der älteren Gruppe waren durchgehender falsch. Die Personen um die sechzig erklärten die drei Minuten nach etwa drei Minuten und 40 Sekunden für beendet, was darauf hindeutet, dass ihre subjektive Uhr langsamer tickte und die Zeit für sie schneller zu vergehen schien.

Heute liegen zunehmend Belege dafür vor, dass diese Veränderung mit einem Abfall der dopaminergen Funktion zusammenhängt.[24] Der Dopaminstoffwechsel hat einen Einfluss darauf, wie unsere innere Uhr tickt.[25] Wenn das Dopaminsystem gehemmt wird, gehen Zeitschätzungen daneben.[26] Wenn wir jung und frisch verliebt sind, sagt sich leicht: »Ich will für immer mit dir zusammen sein.« Wenn wir älter werden, läuft die Zeit schneller, und uns wird bewusst, dass »für immer« schon viel näher rückt. Im Alter fühlt sich ein gemeinsames Leben wie ein kurzer Augenblick an. Statt »für immer« sagen wir eher: »Mir ist, als wäre es erst gestern gewesen, dass wir uns begegnet sind.« Im Fall von Aidan und Carrie: erst vor 21 Schaltsekunden.

Ein Sprichwort besagt, dass man an der Gesellschaft, die jemand pflegt, erkennt, wie er ist.

Ununterbrochen einer anderen Person ausgesetzt zu sein, eine Vergangenheit mit ihr zu teilen und ein Leben mit ihr zu führen, lässt uns seine Art und vielleicht auch seine Vorstellungen, Meinungen und Weltansichten annehmen, manchmal großzügig ausgelegt und mit Kompromissen. Das unvermeidliche gegenseitige Mitreißen, sowohl körperlich als auch geistig, mehrt sich von Moment zu Moment und bildet mit der Zeit eine Art Sediment. Herzen schlagen im Einklang, Atemmuster passen sich einander an.[27] Gesichtsausdrücke werden gespiegelt, Körperhaltungen nachgeahmt. Gangarten gleichen sich an.[28] Insgesamt wird das Verhalten kopiert. Und Gehirne synchronisiert.

Aidans gelegentliche Rastlosigkeit wurde durch Carries mühelose Gemütsruhe gemildert. Mit den Jahren erlernte Aidan das Vergnügen, sich einfach mal hinzusetzen und ein Buch zu lesen. Im Gegenzug verbesserte sich Carries schlechter Geschäftssinn, indem sie Aidan bei der Abwicklung der Bestellungen und Rechnungen zusah. Während sie Anton gemeinsam aufzogen, lernten sie, ihre Erziehungsansichten unter einen Hut zu bekommen und für ihr Kind zu einer harmonischen Stimme zu verschmelzen, sowohl, wenn sie sein Verhalten unterstützen, als auch, wenn sie ihn dafür tadeln mussten.

Im Großen und Ganzen beschleunigt Synchronie die Bindung.[29] In einer Studie verspürten willkürlich zusammengesetzte Paare gegenseitige Verbundenheit, wenn sich ihre Antwortzeiten in einem interaktiven Spiel harmonisierten.[30] Sie brauchten nichts weiter zu tun, als mit einer gewissen Regelmäßigkeit auf eine Tastatur zu tippen. Ihre Partner indes wurden instruiert, jeweils mit einem Tippen zu antworten, bevor das nächste Tippen von ihrem Gegenspieler ankommen konnte. Takt für Takt und durch Ausprobieren fanden die Spieler in einen harmonischen Rhythmus der Kommunikation. Anschließend stufte jeder Teil eines Paars ein, wie sehr sie ihren Partner mochten oder sich ihm nahe fühlten, wie sehr sie ihm vertrauten oder ob sie gern mit ihm zusammenarbeiten würden. Eine stärkere Erfahrung der Synchronie bei dem Spiel ging mit einem ausgeprägteren Zusammengehörigkeitsgefühl einher.[31]

Gefühle zu teilen, hilft uns, anderen näherzukommen, und kennzeichnet, wie wir die Welt wahrnehmen. Eine Studienreihe hat erforscht, wie ähnlich wir auf Emotionen reagieren, die sich vor unseren Augen in einem Film entwickeln. Aidan und Carrie gingen mit Begeisterung zusammen ins Kino, und sie genossen es, Momente des Hochgefühls, des Schreckens und der Zärtlichkeit miteinander zu teilen. Sie machten es sich zum Prinzip, wenn möglich alle 14 Tage hinzugehen und nie eine Premiere zu verpassen. Traditionell war der erste Tag eines Jahres Kinotag. Eine Studie hat gezeigt, dass Menschen, die gemeinsam einen dreißigminütigen Ausschnitt aus Sergio Leones denkwürdigem Western *Zwei glorreiche Halunken* sahen, eine synchronisierte Gehirnaktivität aufwiesen, nicht nur in Bereichen, in denen die audiovisuelle Wahrnehmung gesteuert wird, von der man erwartet, dass sie automatisch bei jedem gemeinsamen Ansehen von etwas aktiv ist, sondern auch in solchen, die Emotionen verarbeiten, als auch Arealen, die für die geistige Nachahmung verantwortlich sind.[32] Ausschläge globaler Aktivität in der gesamten Hirnrinde passten zu Momenten erhöhter emotionaler Intensität von Szenen mit unerwarteten Wendungen oder Schüssen und Explosionen. Interessanterweise entdeckte man bei einer näheren Untersuchung, bei der der Ausschnitt in einzelne Segmente unterteilt wurde, bei denen bestimmte Elemente, Gegenstände oder Handlungen vorherrschten, eine selektivere synchrone Aktivität in Hirnarealen, die insbesondere am Werk sind, wenn wir uns zum Beispiel auf Gesichter, Gebäude oder handbezogene Bewegungen konzentrieren. In einer ähnlichen Studie wurden Teilnehmer zweimal einem Ausschnitt der Fernsehserie *Desperate Housewives* ausgesetzt und gebeten, ihn sich einmal aus der Perspektive eines Kriminalbeamten und einmal aus der eines Innendekorateurs anzusehen.[33] Die gemessene Hirnaktivität bei den Zuschauern zeigte eine Gleichschaltung der Reaktion auf den Serien-Ausschnitt, und diese war stärker, wenn die Zuschauer dieselbe Perspektive einnahmen, was nahelegt, dass die Harmonisierung der Gehirnaktivität zur Aneignung einer ähnlichen Weltsicht beitragen kann.

Sprache ist ein Synchronisator. Gesprochene emotionale Worte, zum Beispiel beim Erzählen einer Geschichte, sind besonders machtvoll, wenn es darum geht, eine Übereinstimmung zu erreichen. Eine Studie zeigte, dass Geschichten, die einer Gruppe von Personen erzählt wurde, eine synchrone Aktivität in Gehirnregionen hervorrufen, die Gehör, Sprache und Emotionen betreffen, wobei zuletzt Genannte umso aktiver waren, je mehr negative Emotionen die Erzählung transportierte, etwa Angst oder Wut. Darüber hinaus entsprach die Synchronität einer erhöhten Konnektivität zwischen jenen Arealen.[34]

Aidan ist ein Redner und weiß, wie man eine gute Geschichte erzählt. Er denkt sich gern Sachen aus und lässt Carrie raten, ob das Gesagte wahr ist oder nicht. Wenn Carrie seine kleinen Geschichten gefallen, schwebt er im siebten Himmel. Zu Beginn ihrer Beziehung erlebten sie jedoch ein paar Unebenheiten in ihrer Kommunikation. Aidan übertrieb es oft mit seinen Liebeserklärungen. Er legte ihr Kärtchen hin, auf denen er ihr offen romantische Dinge mitteilte, wie »Ich liebe dich« oder »Ich kann gar nicht in Worte fassen, wie viel du mir bedeutest«, »Ich vermisse dich« und so weiter. Er sprach diese Sätze auch regelmäßig aus. Carrie wusste, dass er sie liebte, und fand es nicht nötig, das schwarz auf weiß zu haben. Aidan musste seinen Gefühlen Ausdruck verleihen. Sie fühlte sich viel wohler, wenn sie und Aidan einfach die alltäglichsten Dinge teilten und darüber redeten. Es gibt einen schmalen Grat zwischen dem, was Liebende wünschen oder erwarten vom anderen zu hören, zwischen dem Stillschweigenden und dem Ausgesprochenen, dem Essenziellen und dem Überflüssigen. Zu große Nettigkeit kann als unnötige Formalität missverstanden werden. Eine lakonische Sprache als Mangel an Wärme.[35] Mit der Zeit fanden sie einen Kompromiss. Aidan hebt sich seine wortreichen Liebesbekundungen für besondere Gelegenheiten auf, die sie gemeinsam die »seichten Momente« nennen, und kündigt sie mit einer Verbeugung an.

Indem sie auf Gewohnheiten und Übung zurückgreifen, sind unsere Gehirne normalerweise gut darin, Dinge vorherzusagen. Dies trifft auch bei Gesprächen zu. Wenn wir gut mit jemandes Sprechweise vertraut sind, können wir leicht die Worte voraussagen, die er benutzen wird, um sich auszudrücken, und die Art und Weise, wie er seine Gedanken artikulieren wird. So lernen wir, die Sätze anderer zu beenden.

Zwei Menschen, die in derselben Sprache miteinander kommunizieren und regelmäßig miteinander sprechen, haben ein gemeinsames Vokabular und sammeln Wissen sowohl über die Sprechgewohnheiten des anderen als auch über dessen Wortwahl und syntaktische Vorlieben an. Dieses Wissen formt die zeitlichen Profile ihrer Gehirnreaktionen auf die Rede des anderen und hilft ihren Gehirnen, sich aufeinander einzustellen. Wenn wir zuhören, wie jemand anderes redet, nehmen wir das Gesagte in zwei Schritten auf. Der eine ist Erwartung, der andere Wahrnehmung. Ersterer beeinflusst Letzteren. Noch bevor jemand spricht, haben wir eine Ahnung, was er möglicherweise sagen wird. Diese Phase der Vorhersage beeinflusst, wie wir das tatsächlich Gesagte wahrnehmen, und der Grad der Vorhersagbarkeit seiner Rede verstärkt die gesamte neuronale Synchronisation. Stellen Sie sich zum Beispiel vor, dass jemand Ihnen einen einfachen Vorgang beschreiben will. Wenn dieser Vorgang mit stark vorhersagbaren Worten zu erklären ist, etwa »Ein Mann in einem Boot angelt«, wird die Aufmerksamkeit bei den Zuhörern, sowohl bevor der Satz ausgesprochen wird, als auch während der Wahrnehmungsphase, hoch sein. Während der beiden Kommunikationsbestandteile werden sich die zeitlichen Profile der Hirnaktivität beim Sprechenden und beim Zuhörer angleichen, vor allem in Bereichen, die an der lexikalisch-semantischen Verarbeitung sowie der Vorhersage beteiligt sind.[36] Wenn wir also wissen, was für Wörter jemand in einer bestimmten Situation verwendet, synchronisieren sich unsere Gehirne stark.

Gespräche bestehen nicht nur aus Worten. Schweigen zählt ebenso viel wie Reden. Eingebettet in den Rhythmus eines Gesprächs tragen Lücken dessen Struktur ebenso wie die Fülle seiner gesprochenen Bestandteile.[37] Normalerweise wechseln wir uns beim Sprechen ab, und das, ohne es zu merken. Diese Gewohnheit ist kulturübergreifend universell und älter als die Sprache selbst. Denken Sie nur daran, wie sich Lautäußerungen zwischen Säuglingen und Bezugspersonen abwechseln, und es gibt Belege, dass dies auch unter Primaten stattfindet. Sich abwechseln ist eine Fähigkeit, die wir seit der Kindheit verfeinert haben. Es findet statt, damit wir anderen Gelegenheit zum Sprechen geben können, Überschneidungen zwischen Sätzen reduziert werden und die Menschen einander nicht ins Wort fallen. Alles in allem ist die Kunst des Redens mit Arbeit verbunden. Jeder Wechsel zwischen den Sprechenden dauert im Durchschnitt zwei Sekunden. Eine typische Lücke währt etwa zweihundert Millisekunden, die Zeit, die man braucht, um eine einzelne Silbe auszusprechen. Damit das Abwechseln effizient ist, sagen wir in unglaublich kurzen Zeitintervallen voraus, entschlüsseln und begreifen, was wir hören, und machen uns bereit, unsere eigenen Sätze zu äußern. Es dauert zwischen sechshundert und fünfzehnhundert Millisekunden, sich auf die Sprachproduktion vorzubereiten, je nachdem, ob wir ein Wort oder einen kurzen Satz hervorbringen wollen. Wir planen bereits unsere nächste Äußerung, während die des Gesprächspartners noch andauert. Wissend, wie gern Aidan redet, dachten sie sich gemeinsam einen Trick aus, um ihn zu einem besseren Gesprächspartner zu erziehen, insbesondere Fremden gegenüber. Wenn er nicht merkte, dass er anderen ins Wort fiel, sagte Carrie: »Oh, habt ihr auch dieses Geräusch gehört?«

Timing ist alles, heißt es. Es war eine Viertelstunde vor Mitternacht am 31. Dezember 1973. Ganz London war in freudiger Erwartung. Komisch, dass wir am Ende des Jahres davon besessen sind, Grenzen zu markieren – des Lebens, der Veränderung –, die an jedem anderen Tag unbemerkt bleiben würden. Während jener letzten Stunden, Minuten und Sekunden eines Jahres wird der Lauf der Zeit besonders sichtbar.

Aidan konnte gar nicht schnell genug auf die Zukunft zutreiben, wurde jedoch von etwas gehemmt, das er unbedingt noch entwirren wollte, bevor sich alles in der großen Feier auflöste. Er war voller Hoffnung, aber etwas Unerledigtes brannte ihm noch auf den Nägeln.

Nach Feierabend war er kurz vor Ladenschluss in der Buchhandlung gewesen, um Carrie einen guten Rutsch zu wünschen. Über die Weihnachtsfeiertage hatte er nur an sie gedacht. Er erinnerte sich, dass sie gesagt hatte, sie habe an Silvester Spätschicht, und sie vereinbart hatten, dass er reinschauen würde, um ihr ein frohes neues Jahr zu wünschen. Er hatte beschlossen, dass die Zeit reif war, um ihr irgendwie zu verstehen zu geben, dass er sie wirklich gernhatte und ernste Gefühle für sie hegte. Er hatte noch keine Ahnung, wie er das anstellen, was er ihr sagen sollte. Auf jeden Fall würde er ihr vorschlagen, dass sie sich mit ihm, falls sie noch keine anderen Pläne hatte, vom Primrose Hill aus das Feuerwerk ansah und vielleicht am nächsten Tag mit ihm ins Kino ging.

Es war an der Zeit, den Sprung zu wagen.

Aber merkwürdigerweise stand sie nicht hinter ihrer Theke in der Buchhandlung, und ihre Kollegen wussten nicht, wo sie war. Aidan wartete eine Weile draußen, schaute wieder herein und ging dann wieder hinaus und suchte die Straße nach ihr ab. 15, 20, 30 Minuten vergingen. Dann schloss das Geschäft.

Er hätte sie schon vorher einladen sollen. Enttäuscht streifte Aidan stundenlang an der Themse entlang, aß zum Abendessen Fish and Chips und beschloss, nach Hause zu gehen. Auf der Straße hörte er mit, wie ein paar Leute sich über die Sekunde unterhielten, die der Zeit hinzugefügt werden würde. Alles würde dann besser im Einklang mit der Bewegung der Erde sein.

Als Kind hatte er gelernt, wie man das Ende des Tages zeitlich bestimmte. Wie auf seiner heiß geliebten, ersten Armbanduhr abzulesen war – die seinem Opa gehört hatte und die Mondphasen anzeigte –, wusste er, dass es spätestens, wenn sich der kleine Zeiger in einer Linie mit seinem Unterarm befand, Zeit für ihn war, zu Bett zu gehen. Im Winter war das nach einer Suppe und vier Seiten aus *Der Zauberer von Oz*, im Sommer, wenn sich alle Vier-Uhr-Blumen im Garten geöffnet hatten und er in einem kleinen, blauen Samtkästchen mindestens ein Dutzend ihrer großen, verschrumpelten, schwarzen Samen gesammelt hatte.

Was bedeutete eine Sekunde schon für Aidans Erwartungen für den Tag, geschweige denn das kommende Jahr? Was würde sie ihm bringen?

Tja, er wünschte sich nur eins. Aidan verlangsamte sein Tempo. Er wurde von dem Strom des Tages erfasst, der sich verlangsamte, um mit dem Planeten Schritt zu halten. Als er Centre Point erreichte und keine Lust mehr hatte, allein zu sein, überlegte er es sich anders und beschloss, in die U-Bahn zu steigen und zum Feuerwerk zu fahren. Der Zug war gerammelt voll. Alle außer ihm gehörten zu einer Gruppe. Ein Mädchen mit Sandalen machte neben sich Platz.

»Du darfst an Silvester doch nicht allein sein«, sagte sie.

»Bleib doch bei uns«, rief der Größte in der Gruppe aus, der offensichtlich betrunken war.

Sie alle schienen perfekt mit dem Rhythmus der Nacht im Einklang, und Aidan fühlte sich irgendwie bestärkt, dass sie besser als er selbst wussten, wie er das Ende des Jahres verbringen sollte.

Zehn.

Neun.

Acht.

Aidan zählte nicht mit. Die Bahn hielt an der Goodge Street Station, und die Türen öffneten sich.

Sieben.

Sechs.

Aus der Menschenmenge am Bahnsteig tauchte mit einem hellroten Mantel und ein paar Büchern unter dem Arm, geschminkt und mit aufgetürmtem Haar Carrie auf, und die Türen schlossen sich hinter ihr.

Eine Flasche Champagner knallte zu früh.

Fünf.

Vier.

»Ich war in der Buchhandlung, aber ich konnte dich nicht finden.«

»Ist doch egal, Aidan. Jetzt sind wir beide hier.«

Ein weiterer Sektkorken flog.

Drei.

Zwei.

Eins.

»Und noch mal eins!«, schrie jemand.

Aidan erbebte. Dieser Moment verdichtete seine Absicht, die er kaum hatte im Zaum halten können, zu einem einzigen Impuls. Sie beugten sich beide vor und neigten die Köpfe.[38]

Ein Kuss ist keine banale Angelegenheit. Nervenenden im Gesicht wappnen sich. Muskeln um den Mund herum ziehen die Mundwinkel nach oben. Die Pupillen weiten sich, die Augen schließen sich, die Atmung vertieft sich. Ein Kuss ist ein Punkt, mit dem eine Linie beginnt. Im Durchschnitt tendieren wir dazu, uns an die Einzelheiten eines ersten Kusses besser zu erinnern als an unsere erste sexuelle Erfahrung.[39]

Durch das Gejubel, die Rufe und Pfiffe der Fahrgäste hindurch drangen aus den Lautsprechern die Neujahrsgrüße des Fahrers durch den Waggon. Zum Jahreswechsel geriet das Leben ins Stottern, die Schaltsekunde fügte sich irgendwo zwischen Alt und Neu, zwischen »jetzt« und »für immer«. Zwischen Alleinsein und einem gemeinsamen Leben.

DER TRANSIT
DER VENUS[1]

ÜBER UNTREUE

Die erste Szene ist vorbei. Nun folgen vier Minuten in der Dunkelheit. Auf der Seitenbühne schlägt Ryans Herz ungleichmäßig. Ein leichtes Vibrieren überrascht ihn. Er hat vergessen, sein Handy in der Garderobe zu lassen, und jetzt drückt es an seinem linken Oberschenkel.

Bin im Publikum. Treffen uns nach der Vorstellung hinten. V

Ryan erwartete Vanessa, aber erst am nächsten Tag. Seine Reaktion war ihm selbst ein Rätsel. Gut, dann brauchte er sich keine neue Ausrede für Laura, seine Frau, einfallen zu lassen. Nach der Vorstellung nimmt er eigentlich an der üblichen Premierenparty teil, die Art von Veranstaltung, zu der sie ihn schon lange nicht mehr begleitet. Nur zu gern wird er sich frühzeitig verdrücken. Das erste Mal trat Vanessa vor acht Jahren zwischen die beiden, am anderen Ende der Welt, als Ryan und Laura noch nicht verheiratet waren, aber es bei ihnen gut lief. Vanessa war zu einer Kostümprobe gekommen. Sie war eine Freundin des Intendanten und wollte für ihre Doktorarbeit über die Authentizität von Theatervorstellungen die Schauspieler auf der Bühne studieren.

»Dürfte ich Sie interviewen?«, fragte sie. »Im Namen der Wissenschaft«, fügte sie rasch hinzu, in einem offenkundigen Versuch zu vertuschen, wie sehr sie vom ersten Moment an von ihm angezogen war.

Ihr kastanienbraunes Haar und ihr Duft nach Pfirsichen und Honig, gepaart mit einer Fähigkeit, über abstraktes Zeug zu reden, ohne überkandidelt zu wirken, hatten ihn beeindruckt. Und sie war single. Ryan und Laura waren bereits seit zwei Jahren zusammen, eine Zeitspanne, die ihrer beider Abschluss der Akademie und ihre ersten Versuche, in der Theaterwelt Fuß zu fassen, einschloss. Sie hatten kein Patentrezept, beanspruchten aber beide den Wunsch, berühmt zu werden. Laura bewunderte Ryans Talent, daher duldete sie seine neurotische Reaktion auf Misserfolge. Insgeheim wünschte sie ihm eine Zukunft als Filmstar, während sie sich mit einem kleinen Engagement in einem renommierten Stadttheater begnügt hätte.

Die große Produktion ging auf Welttournee, und zwei Monate lang folgte Vanessa dem Ensemble überallhin, um Daten zu sammeln. Hemmungslos starrte sie, stellte Fragen, machte sich Notizen, schrieb, verführte und fantasierte. Sie war wagemutig. Sie wurde unausweichlich. Beim letzten Stopp der Tour vögelten sie nachts, als das Theater geschlossen und dunkel war, zwischen den hintersten Reihen des Parketts, nur wenige Tage nachdem Ryan Laura per Telefon einen Heiratsantrag gemacht hatte.

Sowohl Ryan als auch Vanessa registrierten eine Erdverschiebung in ihrer sexuellen Grundhaltung, in Breite und Tiefe, Temperatur und Fließrichtung, als wären sie mit einem Kurzstreckenflug über einen ganzen Kontinent und zurück geflogen. Bis dahin hatte Laura ihm voll und ganz gereicht. Vanessa brachte das durcheinander. Für Vanessa war Ryan etwas, das sie sich gönnte. Seine Schultern waren breit genug, dass sie unter ihm verschwand, ohne dass es sich falsch anfühlte.

Keiner von beiden wagte zu fragen oder zu erklären, warum es geschehen war. Und noch weniger interessierten sie sich für das »Wie lange«.

»Ich schicke dir die Mitschriften des Interviews. Bitte sag Bescheid, wenn ich irgendwas lieber weglassen soll.«

»Alles klar.«

»Mach's gut.« »Mach's gut.«

Erst später, als die Tour vorüber und die beiden geografisch getrennt waren, klang die Tat selbst nach und weckte Zweifel. Es kamen Fragen nach Maß und Verhältnismäßigkeit auf. Aus Mücken wurden Elefanten gemacht, eine ungewisse Zukunft schob sich ins Blickfeld.

Ryan startete eine dichte Korrespondenz, die sie den ganzen Sommer über zusammenhielt, an dessen Ende sie sich dank Vanessas Forschungsreisen wiedersahen. Dann folgte Ryans Hochzeit. Das hinderte sie nicht. Während sie ihren Doktor zu Ende machte, fand Vanessa einen Freund, Kevin, oder Lord Kevin, wie alle ihn wegen seiner altmodischen Manieren nannten. Sie trafen sich wieder, dieses Mal, als Ryan in ihrer Stadt auftrat. Laura wurde mit ihrem ersten Sohn schwanger. Auch das hinderte sie nicht. Ein Jahr später bekam Vanessa eine Tochter – von Kevin, glaubt sie. Das hinderte sie ebenso wenig. Vanessa veröffentlichte ihre Forschungsergebnisse, aber ihre Faszination für die Bühne ließ nicht nach.

Ihr körperlicher und brieflicher Austausch wurde zu einem gegenseitigen Wegweiser, einem Flugfeld für Ausweichmanöver sowie einem Landeplatz für Notfälle.

Ok. Warte draußen auf mich. R

Sein zweiter Auftritt ist leichtfälliger. Was Ryan schon immer an der Schauspielerei liebt, ist das Privileg des Betrugs. Er genießt die Möglichkeit, jedes Mal, wenn er die Bühne betritt, von vorn anzufangen. Er kann alles ablegen, was er gerne ignorieren würde. Mal war es die Aussicht zu altern, seine gebrechlichen Eltern, die Suche nach einem Kindergartenplatz für seinen Sohn, der Mangel oder der Überfluss an Ruhm. Manchmal war es Laura oder Vanessa oder er selbst. Auf der Bühne schwebte er immer über den Irrgängen seines Alltags. Vanessa fühlt sich davon angezogen und beneidet ihn darum. Als sie nun draußen mit dem Rücken zur Bühnentür steht, will sie überrascht werden oder ihn ihren Namen rufen hören. Er wird noch gut 20 Minuten brauchen, bis er herauskommt, schätzt sie. Sie sind beide mit dem Bangen vertraut. In einem merkwürdigen Akt der Buße lässt Ryan sie warten, lässt dem ganzen Ensemble beim Duschen den Vortritt.

Ob angeboren oder kulturell erworben, unvermeidbar oder gewollt, unschuldig oder sündhaft, legitim oder inakzeptabel. Untreue und ob wir auf Monogamie oder Polygamie gepolt sind, ist eine große Frage, ein uralter Zwiespalt zwischen den Gesetzen der menschlichen Natur und Gesellschaftsnormen, der den Rahmen dieses Kapitels sprengen würde. Welche Seite wir auch immer bei diesem Thema einnehmen möchten, eines ist sicher: Untreue findet statt, und zwar ausgiebig. Eine weitere Wahrheit ist, dass nur ein geringer Anteil der Tiere ausschließlich monogam ist. Adler zum Beispiel, und Albatrosse. Schwäne, für die die Aufgaben der Wanderbewegungen, des Nestbaus, des Brütens und der Aufzucht der Jungen so zeitaufwendig sind, dass ein Herumstreunen ihre Ressourcen ernsthaft beeinträchtigen würde, leben ebenfalls monogam – obwohl die Forscher sich bei ihnen auch nicht einig sind. Weniger als fünf Prozent aller Säugetiere leben in Paarbindungen. Die im vorherigen Kapitel erwähnten Präriewühlmäuse gehören zu dieser kleinen Elite. Ebenso Wölfe.

Der Rest scheint überwiegend promiskuitiv zu sein. Bonobos beispielsweise sind für ihre zügellosen und eifersuchtsfreien Sexualgewohnheiten bekannt. Wir Menschen sind von promiskuitiven Akten definitiv nicht ausgenommen. In einem der beiden Kinsey Reports, umfassenden Studien über das menschliche Sexualverhalten aus den 1950ern, hatten 36 Prozent der Ehemänner und 25 Prozent der Ehefrauen über untreues Verhalten berichtet.[2] Jüngere Studien bestätigen diese Zahlen nicht nur, sondern übertreffen sie noch.[3] Untreue ist auch ein Hauptscheidungsgrund.[4] Männer und Frauen haben Morde begangen als Vergeltung für Untreue und um den Ehepartner zu eliminieren, der sich ihr widersetzt hat.[5]

Der Disput über die Untreue hängt sich gern an angenommenen evolutionären Unterschieden zwischen Männern und Frauen auf, häufig mit der Einladung, Parallelen zwischen uns und unseren prähistorischen Vorfahren zu ziehen. Nach der grundlegenden darwinischen Evolutionstheorie sind die Merkmale und Eigenschaften einer Spezies und eines Individuums sowohl körperlich als auch verhaltensbezogen vorteilhaft, wenn sie auch zum Fortpflanzungserfolg beitragen. Das heißt, wenn sie sich nicht störend auf die Generation des Nachwuchses auswirken, damit diese ebenfalls fähig ist, zu überleben und sich fortzupflanzen. In seinem kurzen Essay *Metaphysik der Geschlechtsliebe*, einer interessanten Lektüre für Jungs und Mädels, die im Dating-Dschungel unterwegs sind, drückt der Philosoph Arthur Schopenhauer es unmissverständlich aus: »Alle Verliebtheit, wie ätherisch sie sich auch geberden mag, wurzelt allein im Geschlechtstriebe, ja, ist durchaus nur ein näher bestimmter, specialisirter, wohl gar im strengsten Sinne individualisirter Geschlechtstrieb.«[6] Heterosexuelle Individuen stehen unbewusst unter einem enormen Druck, sich in Verhaltensweisen zu üben, die ihren Fortpflanzungserfolg fördern. Um es mit Schopenhauers Worten zu sagen, ist jener Geschlechtstrieb die »stärkste und thätigste aller Triebfedern« und nimmt »die Hälfte der Kräfte und Gedanken des jüngern Theiles der Menschheit fortwährend in Anspruch«.[7]

Beim Verfolgen dieses Triebs weisen die beiden Geschlechter unterschiedliche Herangehensweisen auf, was Untreue betrifft. Bei einem Mann garantiert das »Herumhuren« den Fortpflanzungserfolg, denn indem er mehrere Frauen schwängert, hat er die Möglichkeit, sein genetisches Material weit zu streuen. Je nach Situation haben Männer eventuell auch mehr Zeit als Frauen, um Sexualpartner zu finden, weil ihr elterliches Investment weniger zeitraubend ist. Für eine Frau hingegen ist Fremdgehen weniger vorteilhaft, denn wenn sie erst einen Partner gefunden hat, der sie schwängern kann, gibt es keinen Druck mehr, einen anderen zu suchen, es sei denn, es besteht langfristig die Aussicht, einen wesentlich vorteilhafteren neuen Partner zu finden.[8]

Dementsprechend weisen Männer und Frauen auch unterschiedliche Arten von Eifersucht auf. In einer berühmten Studie wurden Teilnehmer, hauptsächlich College-Studenten, gebeten, sich ihren Partner mit jemand anderem vorzustellen und zu überlegen, ob sie sich mehr darüber aufregen würden, wenn ihr Partner eine rein sexuelle Verbindung eingänge, oder über eine, die zutiefst emotional wäre, aber keinen Sex einschließen würde.[9] Die Ergebnisse sprachen Bände: 60 Prozent der Männer, aber nur unter 20 Prozent der Frauen störten sich mehr an sexueller Untreue.[10] Evolutionspsychologen erklären sich diese Ergebnisse mit dem Konzept der elterlichen Sicherheit. Solange die Ähnlichkeit nicht unbestreitbar oder die Tatsache durch einen Vaterschaftstest eindeutig geklärt ist – und die waren in prähistorischen Zeiten wohl kaum erhältlich –, könnten Männer sich ihrer biologischen Vaterschaft nie sicher sein. Dies mache sie im Allgemeinen eher eifersüchtig auf die sexuelle Untreue einer Frau. Dagegen könnten Frauen eine sexuelle Affäre verzeihen, fürchteten sich aber eher davor, dass Emotionen im Spiel seien, weil Letzteres ihren Mann motivieren könnte, sie und ihren gemeinsamen Nachwuchs für eine neue Frau zu verlassen. Die Unterscheidung zwischen sexueller Eifersucht bei Männern und emotionaler Eifersucht bei Frauen wurde zu einem Stereotyp, der in vielen Kulturen zur Verbreitung sich widersprechender Standards der Einstellungen und Verhaltensweisen beiträgt, wobei davon ausgegangen wird, dass Männer sexuell unbezähmbarer seien als Frauen.

Im Licht ihrer evolutionären Triebe und der moralischen Sanktionen auf Ehebruch scheinen sowohl Männer als auch Frauen in der Falle zu sitzen. Ein Mann sorge dafür, dass er mit seiner Frau Kinder zeuge, schlafe dann aber weiter mit so vielen Frauen wie möglich und schwängere sie, um seine Gene zu verbreiten. Eine Frau hingegen ließe sich erst mit einem ressourcenreichen Ernährer für ihren Nachwuchs ein und gehe dann, auf der Suche nach einem genetisch angepassteren Gefährten, fremd, zum Beispiel mit ihrem Tennislehrer.[11]

Als Spezies haben wir definitiv die Fähigkeit, unsere Gefühle auf eine ausschließliche Bindung zu konzentrieren. Die Monogamie hat sich entwickelt, um das Aufziehen des Nachwuchses in Gemeinschaften zu ermöglichen.[12] Manche Menschen sind untreu, während sie eine monogame Beziehung pflegen und aufrechterhalten.

In ihrem Buch *Sex – Die wahre Geschichte* liefern die Autoren Christopher Ryan und Cacilda Jethá faszinierende Argumente gegen die Monogamie. Sie sagen, dass gültige evolutionäre Erklärungen für die Polygamie sprechen, mit der eine erfolgreiche gesellschaftliche Organisation zu erreichen sei. Ryan und Jethá sagen, dass ein System sich überlappender sexueller Beziehungen oder häufige S.E.Ex. – »socio-erotic exchanges«, wie sie es nennen – die Netzwerke selbst der ältesten Gesellschaften von Jägern und Sammlern gestärkt haben, indem sie für eine fruchtbare Kooperation, Zusammengehörigkeit und gegenseitige Dankbarkeit sorgten. Sex und Liebe kann man leicht verwechseln. Aber ebenso, wie sie zusammenfallen können, können sie auch voneinander getrennt auftreten, und Sex kann Funktionen haben, die über das Erreichen von Lust hinausgehen und als Schmiermittel für den sozialen Zusammenhalt dienen.

Ryan und Jethá behaupten, dass Fluidität in sexuellen Beziehungen eine breite Fruchtbarkeit und soziale Stabilität für Generationen gesichert haben muss, und zwar indem Gruppen mit Kindern mit zweifelhafter und kollektiver Elternschaft gebildet wurden.[13] Monogamie und Institutionen wie die Ehe, die sie unterstützen, werden als struktureller Faden für das soziale Geflecht angesehen. Die Ehe ist jedoch ein soziales Konstrukt und keine Widerspiegelung der menschlichen Natur, oder zumindest nicht ihr ausschließliches Schicksal. Während die Sanktionierung der Monogamie historisch robust ist, gibt es immer noch lebensfähige Gesellschaften, für die Polygamie schon immer die Norm war und weiterhin ist. In Dörfern im ländlichen Mosambik unterhielten insgesamt 140 Männer Beziehungen mit Hunderten von Frauen gleichzeitig. Bis zu einhundert davon waren formelle Ehefrauen, mehr als zweihundert langfristige sexuelle Partnerinnen und ein paar weitere Hundert gelegentliche Partner, wobei jeder Mann an etwa vier sexuellen Verbindungen zugleich beteiligt war. Auf den Trobriand-Inseln gibt es eine Tradition für junge Frauen, Männer zum Sex anzustiften und zu bestrafen, wenn sie nicht gehorchen – was nahelegt, dass die angebliche Zurückhaltung der Frauen beim Sex kulturell auferlegt ist. Reiseberichte des 18. Jahrhunderts aus Tahiti, natürlich aus der Feder von Kolonialisten, bestätigen diverse Formen unzüchtigen Verhaltens unter einheimischen Frauen. Es gibt historische Belege, dass sich im eisenzeitlichen Britannien Männer, insbesondere Brüder, Ehefrauen teilten, und natürlich endlose Berichte sexueller Promiskuität von den dionysischen Festen im antiken Griechenland.[14]

Mit anderen Worten: Während Monogamie und Ehe eine Art sind, Sexualität zu erfahren, ist der Drang nach sexueller Promiskuität unmöglich zu dämpfen. Wären da nicht die menschengemachten Vorschriften dagegen, wäre eine größere sexuelle Freiheit etwas, was eine Vielzahl von Menschen offener begrüßen würde, ganz im Einklang mit unseren nahen Vettern, den Bonobos. Obwohl der Reiz des Verbotenen dafür ein ebenso starker Katalysator ist.

»Glaubst du an Zufälle?«, fragte Vanessa Ryan in einem ihrer Briefe, die sie immer auf Reispapier schrieb. »Ich nicht«, beeilte sie sich, hinzuzufügen. »Wieso hätten wir uns denn nicht auch früher begegnen können?« Sie schickte ihm Briefe an die Theater-Adresse, jeweils als etwas anderes getarnt – eine Rechnung, eine offizielle Einladung oder irgendein Werbemist. Er schickte seine an das Universitätsseminar, wo sie arbeitete. Sie genossen die altmodische Art der Kommunikation, zusätzlich zu der Schnelligkeit von E-Mails und Textnachrichten. Langsam, ja, aber auch wesentlich sicherer. Vanessa musste besonders vorsichtig sein, weil sie nicht gut mit Technik umgehen konnte. Ihre Nachrichten endeten mit »für immer Dein«. Sie schrieb Ryan immer aus einem Impuls heraus, unkontrolliert, hin und wieder unter dem Deckmantel höherer Gewalt – »Heute scheint mich sogar die Luft aufzufordern, Dir zu schreiben« –, obwohl sie ihn regelmäßig fragte, ob ihre übertriebenen Liebesbekenntnisse ihm manchmal zu viel wären, wobei sie keinen Zweifel daran ließ, dass er seinerseits niemals zu weit ging.

»Ich bin Schauspieler, du weißt doch, dass ich mit Dramen klarkomme.« Insbesondere, wenn es um sie ging.

Vanessa beschrieb ihm die überwältigende Zahl von Projekten, an denen sie arbeitete und die sie nicht losließen, wie sie sich manchmal darum bemühte, sie sich überschneiden zu lassen. Ihre Briefe an ihn verfolgten einen starken Wunsch nach Übereinstimmung, nicht nur bei der körperlichen Anziehung, mit der alles begonnen hatte, sondern in Form einer breiteren geistigen Verbundenheit, bis zu dem Punkt, dass sie manchmal ihre akademische Identität herunterspielte und selbst danach strebte, Künstlerin zu sein. »Weißt Du«, schrieb sie, »mir ist klar geworden, dass wir im Grunde etwas ganz Ähnliches machen.« »Die Forschung ist wie Theater … Du trittst auf, und ich trage vor, wir beide suchen und finden.« »Nur«, schrieb sie, »ich wünschte, ich wäre besser darin zu lügen, um die Wahrheit zu sagen.«

Und mit einem ähnlichen Verlangen antwortete Ryan entsprechend: »Ich habe irgendwo gelesen, dass die Wörter Theorie und Theater möglicherweise dieselbe etymologische Wurzel haben, wusstest Du das?«

»Siehst Du, Du fängst schon an, meinen Job zu machen!«

Gelegentlich fühlte Vanessa sich eingesperrt, und ihr Schnappen nach frischer Luft wurde lauter. »Im Moment ist er besonders schwierig«, sagte sie und meinte Kevin, der ihrer Aussage nach schon vorzeitig ein viel zu düsteres Bild vom Leben zeichnete: sein neuer, hoch verantwortlicher Posten, die Zukunft ihres Kindes, ihre schrumpfenden Ersparnisse, seine rasch fortschreitende Glatze, die unerbittliche berufliche Konkurrenz. Auch wenn es sie entmutigte, ermunterte sie ihn dennoch stets: »All das gehört zum Leben dazu, Kevin, komm drüber weg.« Aber in Wirklichkeit tat Kevin überhaupt nichts, was ihn aus seinem Trott brachte, und sie verabscheute seine Resignation. Im Gegensatz dazu liebte Vanessa es, wie Ryan ihr Bedürfnis nach Idealismus und Unzweckmäßigkeit erfasste, wie er ihr Raum gab, daran zu glauben, dass es immer eine Chance gab, jung zu sein, und Raum für Veränderung. Er unterzeichnete seine Nachrichten mit *frisch* oder *launenhaft Dein*. Bei Ryan wurde ihr Hunger nach dem Unerforschten gestillt. Sie hoben sich füreinander die besseren Versionen von sich auf. Laura gab sich mit einem bescheidenen Engagement in einem Stadttheater zufrieden. Ryans Erfolg war dem überlegen, aber nie genug für ihn, und seinen Frust ließ er an seiner Frau aus. Bei Vanessa dagegen war er nicht so ichbesessen. Er war liebenswürdiger. Er verspürte nicht den Drang, sie zu beeindrucken.

Mit der Zeit begannen Ryan und Vanessa Rezepte für Partnerschaft und Elternschaft auszutauschen. »Mein Sohn schläft, und ich wünschte, er wäre noch auf, denn er bewahrt mich davor, zu viel nachzudenken. Geht dir das auch manchmal so?«, fragte Ryan. »Lass nie eine Gelegenheit aus, zärtlich zu deiner Frau zu sein«, riet Vanessa. »Bring ihr bei, genauso mutig zu sein wie du«, sagte Ryan in Bezug auf Vanessas Tochter. Die reife Entscheidung, Familienangelegenheiten mit ihrem eigenen Techtelmechtel zu vermischen, erscheint zunächst seltsam, aber sie konnten nicht anders, und sie waren gut darin.

Die ersten paar Jahre blieb ihre Beziehung völlig unbehelligt von den Menschen in ihrer Umgebung. Die einzige Person, mit der Ryan über seine Affäre gesprochen hatte, war der Intendant, der sie einander vorgestellt hatte. Vanessa hatte nur ihrer engsten Freundin und ihrer Mutter davon erzählt, von denen keine je etwas gegen die Konstellation sagen würde. Soweit Ryan wusste, schöpfte Laura keinen Verdacht. Zumindest äußerte sie keinerlei Eifersucht. Einmal, zu Weihnachten, als die Affäre schon drei Jahre lief, konfrontierte Kevin Vanessa, als sie, das Haus voller Freunde und Familie, total abwesend war, vergaß, ihm ein Geschenk zu kaufen, und den Truthahn im Ofen anbrennen ließ. Er fragte sie, warum sie sich immer noch mit Ryan treffen müsse, wo ihre Recherchen doch abgeschlossen seien, und ob sie nicht noch andere Schauspieler und Schauspielerinnen interviewte.

»Ach, komm schon, das ist ein Lebensprojekt. Dank meiner Arbeit mit ihm habe ich überhaupt erst meinen Lehrstuhl bekommen … Außerdem ist er wirklich besser als die anderen, weißt du.«

Vanessa und Ryan bedurften gar nicht der Neugier ihrer jeweiligen Partner, um ihr Tun gelegentlich zu hinterfragen. Ihnen kamen von ganz allein regelmäßig Zweifel. Und dann zog sich mal der eine, mal der andere zurück. Geplagt von Schuldgefühlen und Unsicherheit, erlegten sie sich selbst ein Regime des Widerstands und der Abstinenz auf. Sie schafften es, sich monatelang nicht zu sehen oder voneinander zu hören.

»Wir finden einen Weg, was wir haben, in die beste Richtung zu lenken«, sagte sie optimistisch. »Wir müssen einfach«, pflichtete er ihr bei, »für alle Beteiligten.« Sie würden es ertragen müssen, in Entbehrung, im Getrenntsein und im gelegentlichen Hochgefühl.

Einmal signalisierte Ryan, dass er es beenden wollte: »Wir haben Weisheit und Raum ausgetauscht, meine Liebe. Wir waren Akrobaten, die durch die Luft fliegen und stets gekonnt landen«, schrieb er. »Mein Lebenskompass ist dank Dir präziser geworden, aber nun ist es an der Zeit, sich zu trennen.« »Nein. Warum? Wir können das aushalten«, antwortete sie. »Deine Flügel sind stark«, schrieb er, »und die Winde sind Dir gewogen. Das wird schon werden.«

Als Vanessa ein Teenager war, ließen ihre Eltern sich scheiden, nachdem ihre Mutter ihren Mann am Vierten Juli beim Sex in der Garage erwischt hatte. Nach dieser Geschichte schwor Vanessa sich, dass sie niemals heiraten würde. Sie dachte auch, dass sie niemals ihren Partner betrügen würde. Ryans Eltern waren noch zusammen, obwohl die gelegentlichen Seitensprünge seines Vaters weder für ihn noch für seine Mutter und seine Brüder ein Geheimnis waren. Alle sahen einfach weg. Bei einem großen Familienessen sagte Ryans Vater einmal, betrunken und in Anwesenheit zahlreicher Verwandter, dass es ein Protein geben müsse, das er »Treulosidin« nannte, oder besser gesagt ein Enzym – »Oder wie nennt man diese Dinger?« –, das Männer ungemein anfällig mache, mit anderen Frauen zu schlafen. Um ihr Verhalten zu rechtfertigen, sind diejenigen, die betrügen, bereit, einiges auf sich zu nehmen. Wie wir gesehen haben, ist die Biologie eine attraktive und legitime Autorität, die bei denjenigen, die die Verantwortung ihrer Taten spüren, Gnade walten lässt. Und so hagelt es Ausreden: Mein Gehirn ist schuld daran. Ich bin aufs Fremdgehen gepolt. Es sind die Hormone. Ich habe das Untreue-Gen. Alles fette Schutzschilde gegen die Bedrohung moralischer Vorhaltungen.

Der Testosteronspiegel steht mit dem Sextrieb in Verbindung, und Männer mit mehr Testosteron gehen in der Regel mit größerer Wahrscheinlichkeit fremd. Typischerweise sinkt der Testosteronspiegel mit dem Alter und bei Männern, die sich in festen Beziehungen befinden, bleibt bei Single-Männern jedoch hoch. Interessanterweise kehrt das Testosteron bei Männern in Beziehungen zu einem hohen Pegel zurück, wenn sie fremdgehen oder Interesse daran zeigen, was vermuten lässt, dass das Hormon Männern dabei hilft, auf Paarungsgelegenheiten zu reagieren.[15]

Das Auftreten der großen Mehrheit komplexer Merkmale und wie sie sich im Verhalten äußern, ist tief verstrickt in einem komplizierten Geflecht aus genetischen und Umwelteinflüssen. Untreue bildet da keine Ausnahme. Natürliche Veranlagung wird durch äußere Einwirkung unterstützt. Einer bestimmten Umgebung, Erziehung oder Erfahrung ausgesetzt zu sein, verstärkt oder schwächt genetisches Saatgut. Deshalb ist nicht jeder gleichermaßen anfällig dafür, fremdzugehen, oder tut es mit derselben Häufigkeit. Die bloße Tatsache, dass Untreue verboten oder verpönt ist, verzerrt ihr Auftreten.

Wer Untreue bei den Eltern in der eigenen Familie erlebt hat, geht mit größerer Wahrscheinlichkeit selber fremd. Eine Studie fand heraus, dass das Wissen um die Untreue der eigenen Eltern die Wahrscheinlichkeit, fremdzugehen, verdoppelt.[16] Ein ähnlicher Effekt ist bei Kindern zu beobachten, deren Eltern nicht mehr verheiratet sind. Bei Eltern aufgewachsen zu sein, die in ihren Beziehungen wenig zufrieden sind und viele Konflikte haben, hat ebenfalls Auswirkungen. Untreue wird auch mit gewissen Persönlichkeitszügen assoziiert, etwa Neurotizismus und Narzissmus.[17]

Genetisch betrachtet ist keinesfalls erwiesen, dass Untreue vererbt wird. Studien an Zwillingen mit dem Ziel, die genetischen Auswirkungen auf eine Eigenschaft von den umweltbedingten zu trennen, basierend auf der genetisch exakten Übereinstimmung von Zwillingen, lassen vermuten, dass der gesamte genetische Anteil an der Abweichung beim Fremdgehen bei Männern 62 Prozent beträgt und bei Frauen 40 Prozent.[18] Man hat versucht, die individuell beteiligten Gene festzumachen, zu kartografieren und zu beschreiben. Aber auch hier ist die Vorstellung, dass die eine oder andere Genvariante mit absoluter Sicherheit bestimmt, ob jemand promiskuitiv wird oder nicht, ein Irrglaube. Wonach Wissenschaftler suchen, sind Unterschiede bei Menschen in den Genen, die für eine Reihe von Merkmalen, Einstellungen oder Neigungen verantwortlich sind, die Vorfälle von Promiskuität und Untreue betreffen oder dazu beitragen.

Ein solcher Fall ist das Gen, das mit dem DRD4-Rezeptor in Verbindung steht, einem Hirnrezeptor, der am Stoffwechsel des Neurotransmitters Dopamin beteiligt ist. Dopamin ist eine mächtige Antriebskraft. Es steht auch in Zusammenhang mit der Offenheit für neue Erfahrungen und sorgt dafür, dass wir uns auf zukünftige Vergnügen freuen. Wenn wir fremdgehen, gehen wir Risiken ein. Fremdgehen stellt auch einen Durst nach Neuem dar. Jemand, der eine außergewöhnlich starke Form des Rezeptors besitzt, die die Aktivität des Dopamins ermöglicht, sucht mit größerer Wahrscheinlichkeit nach neuen Erfahrungen und Empfindungen, einschließlich des Risikos und der Belohnung, die mit dem Sex mit einem neuen Partner verbunden sind.

Eine Studie untersuchte eine Gruppe von Personen auf Unterschiede in der genetischen Sequenz, in der der Dopamin-Rezeptor codiert ist, und verglich sie mit dem Auftreten von Promiskuität in Form von One-Night-Stands und breiter gefächerter sexueller Untreue. Ohne Unterschiede zwischen

Männern und Frauen wiesen diejenigen mit der stärkeren Form des Dopamin-Rezeptors eine doppelt so hohe Wahrscheinlichkeit auf, One-Night-Stands gehabt und ihren Partner regelmäßig betrogen zu haben.[19] Entsprechend der Rolle des Dopamins, für die Suche nach Neuem verantwortlich zu sein, bekundeten Individuen, die dieselbe Form des Rezeptors aufwiesen, auch Interesse an einem diverseren Sexualverhalten.[20]

Männer, die eine Form des Arginin-Vasopressin-Rezeptor-Gens besaßen, das zu weniger Rezeptoren in ihrem Gehirn führt, wiesen eine doppelt so hohe Wahrscheinlichkeit auf, unverheiratet zu bleiben. Sie erlebten auch mehr Beziehungskrisen und hatten ein höheres Scheidungsrisiko.[21] Eine Verhaltensstudie deckte die Rolle des Oxytocins auf, Verhaltensweisen zu stärken, die in Verbindung mit Treue stehen. Verheiratete Männer, die Oxytocin intranasal verabreicht bekommen hatten, hielten größeren Abstand von einer attraktiven Single-Frau als nicht verheiratete Single-Männer.[22]

Zusätzlich zu Erziehung, Familienerfahrungen, Persönlichkeitszügen und genetischer Veranlagung beeinflusst die sexuelle Konvention das Sexualverhalten. Mit Unterschieden auf Ebene nationaler und kultureller Kontexte ist die Gesellschaft beim Sex mit Sicherheit freizügiger geworden. »Seitensprünge«, »One-Night-Stands«, »Fickfreunde«, »offene Beziehung«, »Mingles« und »Freundschaft plus« sind einige der Beziehungskategorien, die an Toleranz gewonnen haben.[23]

Aber ob man Untreue nun gutheißt oder missbilligt, Fremdgeher verfügen über Strategien, um mit ihren Handlungen ins Reine zu kommen. Eine weitverbreitete ist, sie komplett geheim zu halten, aber wenn sie offengelegt werden, gibt es andere, subtilere Wege. Wenn es um Erinnerungen an moralisch problematische Handlungen im Allgemeinen geht, Dinge, für die wir uns schämen oder schuldig fühlen, werden sie häufig in der Erinnerung verzerrt.[24] Wir verbannen Erinnerungen an negative Handlungen in die ferne Vergangenheit, während wir eine jüngere oder aktuellere Version von uns ins bestmögliche Licht rücken. Solch einen kreativen Weg, unsere Biografie und unser Selbstbild zu formen, schlagen wir ein, wenn wir mit unserer eigenen Untreue konfrontiert werden. Das hat mit einem verbreiteten Phänomen zu tun, das »kognitive Dissonanz« genannt wird, eine schmerzhafte Disharmonie zwischen Handlungen und Glaubenssätzen. Uns mag bewusst sein, dass Zucker dick macht und schlecht für die Gesundheit ist, also spielen wir die Tatsache, dass wir Kuchen gegessen haben, herunter, indem wir sagen, dass wir ja nur einmal die Woche welchen verzehren, und auch nur, wenn er von unserer Großmutter gebacken wurde, die streng darauf achtet, nur frische Zutaten zu verwenden. Wir finden Wege, mit unseren Widersprüchen klarzukommen. Eine Studie hat den Beweis erbracht, dass wir, wenn uns jemand auf unsere Untreue anspricht, dazu neigen, ungeschickt die Kluft zwischen unserem typischen Ich und dem uns vorgeworfenen Verhalten zu betonen. Auch tendieren wir dazu, unsere Handlungen herunterzuspielen, um das Unbehagen zu reduzieren, das sowohl durch unsere Taten als auch durch unsere Widersprüche entsteht.[25]

In seinem wunderbaren Buch *Conditions of Love* spricht der Philosoph John Armstrong von einem immerwährenden Rätsel unseres Intimlebens. Er sagt, dass wir oft einem Ideal der kompromisslosen Vereinigung von tiefer Liebe mit sexueller Erfüllung hinterherlaufen, als könnten wir, indem wir die wahre Liebe in einer Person finden, für immer in ihm oder ihr die volle Befriedigung unserer sexuellen Wünsche finden. Das ist nicht unmöglich, und wenn es passiert, ist es ein tief greifendes Gefühl, ein starker Ausdruck der Hingabe. Wie wir jedoch gesehen haben, gibt der Sexualtrieb seine eigenen Motive nicht auf. Armstrong liefert eine kurze und schmerzhafte Lösung für dieses heikle Problem, vor dem die menschliche Natur steht.[26] Er identifiziert zwei Wege, es zu umgehen. Der eine sei der Verzicht, der andere die Geheimhaltung. Bei Ersterem distanzieren wir uns im Namen der Liebe von außerehelichem Sex. Bei Letzterem wird die Liebe ihrer Transparenz beraubt. Bei seinem Versuch, das Problem zu lösen, beruft Armstrong sich auf eine Geschichte des Kritikers und Sozialdenkers John Ruskin (1819–1900) über einen Herzog und einen Gemüsehändler.

In Ruskins viktorianischer Zeit verknüpften die Leute mit dem Kaufmannsdasein ungerechtfertigterweise einen irgendwie unwürdigen Lebenswandel. Das war natürlich eine grobe Übertreibung. Die Welt war voll von Kaufleuten, die ehrlich und prinzipientreu waren und Anerkennung für ihre Arbeit verdienten. Ruskin deutete darauf hin, dass, wenn ein Herzog für ein oder zwei Tage Lebensmittel verkaufen würde, haltlose Annahmen über die mangelnde Würde von Kaufmännern umgeworfen werden würden. Da die Würde eines Herzogs unangefochten war, würde sein neues Gewand die Botschaft verbreiten helfen, dass es durchaus möglich ist, ein Ladenbesitzer zu sein und zugleich als würdevoll angesehen zu werden. Armstrong regt an, in diesen Begriffen über Liebe und Sex nachzudenken. Paare geraten ins Straucheln, weil das, was der eine oder der andere beim Sex machen will, manchmal nicht als mit Liebe vereinbar betrachtet wird. Was Armstrong mit seiner Parallele sagen will, ist, dass Sex und Liebe, wie Herzog und Kaufmann, es beide gleichermaßen wert sind, respektiert zu werden, und, wenn man das Argument umkehrt, auch gleichermaßen fragwürdig, was ihr Verhalten angeht. Wir brauchen vielleicht etwas mehr Fantasie, Toleranz und Bereitschaft, um Sex und Liebe in unseren Beziehungen zu entwickeln, von der Norm abweichendes Verhalten zuzulassen, etwa Untreue mit Liebe unter einen Hut zu bringen. Heute entscheiden sich die meisten Fremdgeher für die Geheimhaltung in der Hoffnung, nicht erwischt zu werden.

Wenn es um Affären und Untreue geht, bezieht man sich oft auf Dreiecksbeziehungen – obwohl natürlich auch andere geometrische Varianten möglich sind. Ich, meine Frau und der Nachbar. Mein Freund, seine Ex und ich. Meine Freundin, ihr Geschäftspartner und ich. Immer geht es um Menschen, die, indem sie ihrer Leidenschaft und einander nachjagen, Winkel des Kontakts und der Annäherung erweitern und verengen.

Stellen Sie sich das im Weltall vor: drei Himmelskörper, die irgendwann vorübergehend in einer Reihe stehen. Die Dreierkonstellation kann in eine radikale Verdunklung münden, wie im Fall einer Mond- oder Sonnenfinsternis. Ein andermal ist die Verdeckung vernachlässigbar.

Ein grundlegendes Problem war in der Geschichte der Astronomie die Messung von Entfernungen. Bis zum Ende des 18. Jahrhunderts waren dank den Berechnungen aus Jahrtausenden, die in der Arbeit des deutschen Mathematikers Kepler gipfelten, die Astronomen in aller Welt mit den relativen Entfernungen zwischen den Planeten unseres Sonnensystems vertraut. Sie wussten zum Beispiel, dass der Merkur der Sonne etwa viermal näher steht als der Mars und dass der Mars ungefähr doppel so weit von der Sonne entfernt ist wie die Erde. Doch die absolute Entfernung eines jeden Planeten von der Sonne in Kilometern war nicht bekannt. Man wusste einfach nicht, wie man das messen sollte.

Das änderte sich dank einer brillanten Idee des britischen Astronomen Sir Edmond Halley, der glaubte, dass ein sehr seltenes Ereignis helfen könnte, das Rätsel zu lösen: der Transit der Venus zwischen Erde und Sonne. In einem Abstand von etwa einhundert Jahren treten Venuspassagen in Paaren auf. Zwischen diesen paarweisen Durchgängen liegen acht Jahre.[27] Angeregt durch Halleys visionäre Ideen mobilisierten sich die hellsten Köpfe der Welt aus Astronomie, Physik und Mathematik, um diese seltenen Ereignisse 1761 und 1767 zu beobachten.[28]

Dank eines Phänomens, das Parallaxe genannt wird, ermöglicht der Venustransit die Messung unserer Entfernung zur Sonne. Die Parallaxe, abgeleitet vom griechischen Wort *parallaxis*, das »Veränderung« bedeutet, bietet einen Weg, eine Sache zu messen, um das Maß einer anderen zu erhalten.[29] Betrachten wir einen Gegenstand vor einem Hintergrund, scheint sich dessen Position zu verändern, wenn wir unseren Standpunkt wechseln. Angenommen, wir fotografieren jemanden von Weitem vor dem legendären Hollywood-Schriftzug in den Santa Monica Mountains. Je nachdem, von wo aus wir das Foto schießen, wird es aussehen, als stünde er vor dem Buchstaben H oder, im anderen Extrem, vor dem D, obwohl er sich gar nicht vom Fleck bewegt hat.

Zoomen wir hinaus ins Universum.

Wenn wir von zwei weit voneinander entfernten Orten auf der Erde aus zusehen, wie die Venus vor der Sonne vorbeizieht, werden wir einen ähnlichen Effekt vor der Sonnenscheibe beobachten, während die Venus ihren Orbit durchschreitet. Bei ihrem Durchgang von einem Ende der Sonne zum anderen beschreibt die Venus zwei unterschiedliche

Bahnen. Geschwindigkeit ist gleich Entfernung pro Zeit. Halley notierte, dass durch die Messung der genauen Zeitdauer des Venustransits von verschiedenen Orten auf der Erde aus die Entfernung zwischen diesen beiden Bahnen mit ausreichender Genauigkeit gemessen werden konnte. Durch eine Methode, die Triangulation genannt wird, wurde dann die tatsächliche Entfernung der Venus von der Erde ermittelt. Die genauen Berechnungen sind umständlich, aber es genügt wohl zu sagen, dass es in der Trigonometrie möglich ist, die Längen aller Seiten eines Dreiecks abzuleiten, wenn die genaue Länge nur einer Seite bekannt ist, sofern man auch die Winkel zu dem anderen, entfernten Punkt messen kann. Wenn jener Punkt die Venus ist und wir sowohl die Entfernung zwischen den beiden Beobachtungspunkten auf der Erde kennen als auch die Entfernung zwischen den beiden Bahnen der Venus auf der Sonnenscheibe, können wir die Position aller Ecken eines Dreiecks ermitteln und somit auch die Entfernung dazwischen.[30]

Der Durchgang eines dritten Himmelskörpers ist dann ein ausgezeichneter Vorwand, um die Entfernung zwischen den beiden anderen zu überprüfen. Bei kosmischen Konstellationen ist es so, dass die Anordnung von Himmelskörpern in einer Linie vorhersagbar ist. Planeten folgen einfach nur ihren Bahnen. Im Leben ist eine Affäre nicht genau vorhersehbar, auch wenn sie prinzipiell möglich erscheint. Was sie geschehen lässt, sind oft Beschleunigungen und Verlangsamungen unserer Bahnen, unsere Impulse und unser Zögern.

Das Hotelzimmer ist klein. Draußen ist es noch etwas hell, und sie haben Lachs und Wein bestellt. Zwischen zwei Stößen in sie sagt er: »Ich habe dich vermisst.« Vanessa sagt es ihm hinterher. Der Austausch war überfällig.

In ihrem Buch *Wild Life* sagt die Autorin und Psychotherapeutin Esther Perel, die eine riesige Zahl von Paaren in ihrer Beziehung beraten hat: »Problematisch wird es, wenn Monogamie kein freiwilliger Ausdruck der Loyalität mehr ist, sondern eine Form erzwungener Komplizenschaft.«[31] Sie schreibt, dass es gerade in unserer heutigen Gesellschaft, in der das Konsumverhalten um sich greift, leicht passieren kann, dass man für jemanden die zweite Wahl ist. Die Angst und das Bewusstsein, verlassen werden zu können, können besitzergreifendes Verhalten und ein Verlangen nach Exklusivität fördern. Doch Affären sind eine reale Möglichkeit. Insbesondere, wenn wir diese Möglichkeit zurückweisen, schreibt sie, kann es sein, dass sich einer der Partner aufmacht, um sie auf eigene Faust und in zahlreichen Permutationen zu finden, damit zu spielen. Also dann, fremdgehen oder nicht fremdgehen? Und überhaupt, *cui bono*?

Ohne Untreue zu unterstützen oder zu verteufeln, vertritt Perel die Meinung, dass deren Anerkennung eine wichtige Tatsache über Beziehungen ins Licht rückt – dass jeder Partner seine eigene Erotik und Sexualität hat, die von denen des anderen getrennt und unabhängig sind, egal, wie verbindlich, stabil und vielversprechend ihre Beziehung ist. Durch die »Anerkennung des Dritten« ist es möglich, dessen Gefahr zu entmystifizieren und Sauerstoff in eine Beziehung zu bringen. Während Ehebruch in manchen Fällen verheerende Auswirkungen auf Paare hat, wirkt er sich in anderen positiv auf die Gesundheit einer Beziehung aus. Manche Affären werden nie in die Tat umgesetzt. Andere enden nach einer Nacht. Ein paar sind vereinnahmend und bringen Zerstörung mit sich. Ein paar andere verenden und werden wiederbelebt. Manche werden mit ins Grab genommen. Ob es die tägliche oder monatliche Umrundung eines Satelliten ist oder der gelegentliche Durchgang eines Planeten, die Störung durch den Dritten informiert uns über die wahre Entfernung zwischen uns und unserem Hauptgeliebten. Selbst wenn sie aufgedeckt werden, richten Affären nicht immer unheilbaren Schaden an.

Nun, wo ihre jeweiligen Kinder schon fast sieben sind, haben sich Ryan und Vanessa mehr als einmal die Frage gestellt, was ihre Verbindung für ihr Leben bedeutet, und mehr als einmal haben sie ihre Optionen erwogen. Ryan wird Laura niemals verlassen, braucht Vanessa jedoch aus Gründen, die sich seiner Vorstellungskraft entziehen. Genauso geht es Vanessa mit Kevin und Ryan. Ihre Existenzen fühlen sich in ihren Umlaufbahnen so wohl, dass der Gedanke an eine Störung selbst einen Titan abschrecken würde. Vanessa kennt die Komplikationen einer Scheidung aus erster Hand. Indem sie ihre Untreue für sich behält, ist sie ihrem eigenen Schmerz als Kind gegenüber loyal.

Als es hell wird, bringt Ryan Vanessa, die zu einer Konferenz muss, zum Bahnhof.

»Nächstes Mal bin ich dran mit Reisen.«

»Mach's gut, Ryan.«

Während seines kurzen Heimwegs lauscht er trotz des Lärms einer Straßenkehrmaschine sich selbst, wie er jene Worte wiederholt, und dem Klang von Vanessas Stimme, wie sie seinen Namen sagt.

Als er sieht, dass Laura noch schläft, atmet er erleichtert auf, dass er jetzt noch keine Geschichten erfinden muss, wie die Party war. Erneut zieht er sich aus, diesmal, um Schlaf vorzutäuschen.

Aber er muss sich gar nicht verstellen. Obwohl schon das Morgenlicht auf seine Seite des Betts fällt, hat Ryan kaum den Kopf auf das Kissen gelegt, als er auch schon einnickt. Eine Minute nachdem er weggetreten ist, spürt er, wie ihn jemand auf die Nase stupst.

»Wo bist du gewesen, Daddy?«

SPLIT OR STEAL

ÜBER DEN MUT ZUR NÄHE

Als Scotts Schiff am Pier anlegte, hatte er Durst und musste dringend aufs Klo.

Ein Mann neben ihm auf der Rampe fragte ihn, was ihn nach Irland verschlagen hatte. Wie aus der Pistole geschossen antwortete Scott: »Die Liebe.«

Scott war ein Diplomat um die dreißig, der als Kulturattaché für die US-Botschaft arbeitete. Zu der Art von Liebe, die ihn zu seiner Reise ermutigt hatte, gehörte nicht, dass ihn jemand an der Landungsbrücke begrüßte.

In London war Scott dreieinhalb Jahre mit Liam zusammen gewesen, einem Biologen in seinem Alter, dessen Liebe für Scott immer dann ins Schwanken geraten war, sobald die Situation von beiden Seiten Verbindlichkeit erforderte. Als seine Amtszeit in Großbritannien ablief und Scott bald ein neuer Standort zugewiesen werden sollte, lud er Liam ein, ihm zu folgen: »Forschung kennt keine Grenzen. Labore gibt es überall ... so wie es überall eine Botschaft gibt«, sagte Scott. Doch Liam wollte nichts davon wissen.

Sie waren sich im Wasser begegnet, einem Element, das sie beide liebten. Wenn sie sich sehen wollten, reichte es, nach Feierabend im öffentlichen Schwimmbad aufzutauchen, denn Liam schwamm gerne, wenn der Tag zur Neige ging. Er schwamm schnell, schneller als Scott. Immer wartete Liam absichtlich am einen Ende des Beckens, ließ sich von Scott allmählich einholen und schwamm weiter, wenn er sah, dass Scott sich näherte, damit sie sich in der Mitte begegneten. Scott versuchte, ihn am Bein zu erwischen. Alle fünfzehn oder zwanzig Bahnen machten sie eine Pause und fantasierten darüber, zusammen im offenen Meer zu schwimmen. Liam gab mit dem Ungestüm des Meeres in Irland an, »mein Meer« nannte er es. Gern erwähnte er einen Ort namens Forty Foot, die Meeresbucht, wo er schwimmen gelernt hatte.

»Eines Tages nehme ich dich mit.«

»Wann?«

Sie fuhren nie hin. Tatsächlich hatte Liam sich immer davor gedrückt, Scott Irland zu zeigen.

Als sie sich kennenlernten, setzte Liam Scott in Bewegung wie das Pendel einer Uhr. Doch das Schwingen des Pendels stand von Anfang an für eine Frage: hin und her, ja oder nein, nah oder fern, vielleicht, vielleicht auch nicht. Es war, als bekomme er Liam zu fassen, und dann ging er doch leer aus. Diese beiden Männer standen an gegenüberliegenden Rändern eines Abgrunds. Scott brauchte Tatsachen. Liam hasste es, Versprechungen machen zu müssen. Scott wollte Garantien. Liam hielt sich gern seine Optionen offen. Scott wollte Sicherheit. Liam Ungewissheit.

Scott war fasziniert von Liams Experimenten oder von dem, was er davon verstand. Jeden Morgen brachte Liam eine Ratte um, machte sich eine Tasse Kaffee und brachte dann anderen Ratten bei, Warnzeichen zu deuten. Bei ihm klang es, als sei er der Oberbefehlshaber und diese Tiere gehorchten seinen Befehlen. Sie fürchteten sich und lernten dann, sich nicht zu fürchten. Scott gehorchte Liam gewissermaßen auch. »Du bist der König«, sagte er immer zu ihm.

Liam tat gerne so, als sei er gegen Ängste immun. Er war geübt darin, sich nie in bedrohliche Situationen zu bringen oder in solche, in denen seine Unsicherheiten ans Tageslicht kamen. Bei Dinnerpartys mit Scott und seinen Diplomatenkollegen lenkte er das Gespräch geschickt auf die Wissenschaft, sodass er als der einzig wahre Experte dastand. Liam konnte nicht gut mit Kritik umgehen, fand aber immer schnell an anderen etwas auszusetzen, vor allem an Scott. Wenn Scott aus dem Stegreif eins von seinen Currys zauberte, bemängelte Liam, dass ein Gewürz fehle. Die Restaurants, die Scott aussuchte, sagten Liam selten zu. Die Musik, die Scott beim Frühstück auflegte, war entweder zu leise oder zu laut. Wenn Scott eine Radtour übers Land vorschlug, war Liam stattdessen nach einem Tag im Schwimmbad, weil Radfahren nicht zu seinen Stärken gehörte. Scotts Erfolge und Leistungen wurden zwar anerkannt, aber rasch wieder vergessen. Liam dagegen reagierte sehr empfindlich, wenn er sich übergangen fühlte. Wenn er nicht die gewünschte Beachtung bekam, krümmte er sich vor Enttäuschung, als würde sein ganzer Körper sagen: Wie kannst du mir bloß deine Aufmerksamkeit verweigern?

Manchmal ignorierte Liam mit Absicht Scotts Anrufe. Wenn er dagegen etwas von Scott hören wollte, tat er mitunter so, als hätte er sich verwählt, damit Scott ihn zurückrief, wenn er den entgangenen Anruf sah. Liam brauchte ein Jahr, ehe er zuließ, dass sie von sich sagten, sie seien *zusammen*. Scott reservierte beharrlich zwei Karten für Konzerte und wartete immer, bis Liam sich mit ihm die neuste Ausstellung in der Stadt ansehen konnte. Liam sah sich Shows an, ohne es Scott zu sagen, oder schlug Scotts Einladungen so lange aus, bis Inszenierungen oder Ausstellungen vorbei waren.

Liam ließ sich zwar breitschlagen, zusammen in Urlaub zu fahren, bestand aber auf einer alljährlichen Reise allein, weil er angeblich die Einsamkeit brauche.

Sie schliefen nur sporadisch miteinander, und ein Vorspiel fand so gut wie gar nicht statt. Liam kam schnell zur Sache und wollte es schnell hinter sich bringen, als wäre der Sex ein Tunnel, durch den er durchmusste und aus dem er schnell wieder herauswollte.

Im Allgemeinen gab es in der Art, wie Liam sich anderen öffnete, eine Bergkuppe zu überwinden, eine Steigung, von der man wusste, dass sich etwas auf der anderen Seite verbarg. Man erfuhr aber nie, was es war, denn erst lud er einen ein, sie hinaufzuklettern, um einen dann wieder hinunterrutschen zu lassen. Liam war nicht gut darin, über ihre Missverständnisse zu sprechen, und ging Konfrontationen aus dem Weg.

Klar, dass Scott regelmäßig von Liams Launen die Nase voll hatte und sich gelegentlich beschwerte. Sein Zusammensein mit Liam hatte ihn jedoch darauf konditioniert, sich dessen tyrannischen Anwandlungen zu unterwerfen. Außerdem kehrte sich der Spieß sogleich um, sobald Scott seinem Ärger Luft machte und sich von Liam distanzierte. Dann wurde Liam lammfromm. Resultat: Geschenke, eine Überraschung, eine ganze Nacht Sex oder eine ungewohnte Liebkosung. Diese kurzzeitigen, wohldosierten Besänftigungen reichten Scott oft, um schnell einen Kompromiss einzugehen. Es waren Auslöser, die wie ein Aufziehschlüssel an einem Uhrwerk funktionierten und Scott weiterlaufen ließen. Hin und her. Ja oder nein. Nah oder fern. Vielleicht, vielleicht auch nicht. Wann immer Liam für eine Weile losließ, war er kurze Zeit später nur noch fester in seinem Griff.

Liam legte die Bedingungen ihrer Beziehung fest, und Scott ließ es zu. Keiner von beiden konnte der Anziehungskraft zwischen ihnen widerstehen, aber sie hatten unterschiedliche Methoden, damit umzugehen. Scott stürzte sich kopfüber hinein und bettelte um jedes winzige Zugeständnis. Doch je deutlicher Liam die Nähe zwischen ihnen wahrnahm, desto mehr floh er davor. Scott verzehrte sich nach Liebesbekundungen. Liam brauchte Scott auch, jedoch immer in gebührendem Abstand.

In Beziehungen werden Entfernungen ständig neu vermessen, vor allem, wenn ein stillschweigender oder ausdrücklicher Mangel an Verbindlichkeit besteht. Intimität ist ein Risiko. Sie ist von Natur aus sowohl mit Gelegenheiten als auch mit Bedrohungen angefüllt. Emotionale Nähe trägt das Potenzial von Nutzen und Vorteilen in sich, setzt einen aber auch Verletzungen und Enttäuschungen aus. Wenn wir Intimität erfahren, wägen wir einen Wunsch nach Nähe gegen die Angst vor Verwundbarkeit ab. Mit am meisten Mühe macht in einer Beziehung das Herstellen und Aufrechterhalten des empfindlichen Gleichgewichts zwischen Unabhängigkeit und Partnerschaft. Freiheit steht im Widerstreit mit Verantwortung, Verlangen mit Autonomie. Es ist wie ein Duell, eine Wette, ein heikles Glücksspiel, bei dem zwei Menschen ihre Gewinne und Verluste kalkulieren. Denken Sie an Länder, die sich im Krieg befinden, ein Schachspiel, eine Gehaltsverhandlung oder das Feilschen auf einem Souk. All das sind Situationen, die Intuition und eine strategische Auswahl erfordern. Von dem Moment an, in dem wir jemandem zum ersten Mal erliegen, bis hin zu einem Leben mit ihm unter einem Dach stellt uns eine Beziehung vor Dilemmata:[1] nehmen oder geben, wir oder er, frei oder gebunden, allein oder zusammen, teilen oder stehlen.

Selbst erbitterte Rivalen in feindseligen Konflikten wissen, dass es manchmal für beide besser ist zu kooperieren, als herauszufordern. *Do ut des*, sagten die Römer – Ich gebe, damit du gibst. Ein Abkommen, durch das etwas angeboten wird, damit man im Gegenzug etwas erhält.

Ein selbstsüchtiger Rivale mag jedoch geneigt sein, alles abzuräumen, anstatt eine Gefälligkeit zu erwidern.

Im britischen Fernsehen gab es etwa zwei Jahre lang eine Nachmittagsshow, die *Golden Balls* hieß und an deren Ende zwei Gegenspieler um einen Jackpot kämpften. Diese Spielphase hieß »split or steal«, weil dies, verborgen in glänzend goldenen Kugeln, die Optionen waren, die jedem Spieler zur Verfügung standen, um zu versuchen, den Gewinn einzustreichen. Wenn beide Kandidaten die Option »split« wählten, teilten sie sich den Jackpot. Wenn sie sich beide für »steal« entschieden, gingen sie beide leer aus. Doch wenn einer der Spieler sich fürs Teilen entschied und der Gegner fürs Stehlen, durfte der Dieb den ganzen Jackpot behalten, während der Teiler alles verlor. Wofür sich jeder der Spieler letztendlich entschied, blieb bis zu einem letzten, enthüllenden Moment geheim. Bis dahin hatten die Spieler noch Gelegenheit zu verhandeln. Sie flehten und forderten, lehnten ab und gaben nach, redeten dem anderen zu oder entmutigten ihn. Sie konnten ihre wahre Absicht verkünden oder verbergen. Oder absichtlich zweideutig bleiben, um ihren Gegner an der Nase herumzuführen.

Bleiben Sie bei Kompromissen also misstrauisch. Die Gier ringt mit der Großzügigkeit. Auch bei altruistischen Taten wird eine Messlatte des Eigeninteresses angelegt.

Scott hatte keine Zweifel, dass er mit Liam zusammen sein wollte. Für Liam fühlte sich dieses Angebot mit all seiner Grenzenlosigkeit bedrohlich an, und obwohl Scott ihm etwas bedeutete, wurde er abtrünnig.

Scott teilte. Liam *stahl.* Ihr letztes Gespräch fand übers Telefon statt.

»Tut mir leid, Scott. Ich glaube, wir lieben einander wirklich, aber ich fühle mich nicht bereit, alles aufzugeben«, sagte Liam.

»Wie kannst du *uns* so einfach aufgeben?«

Liams Trotz, den Scott immer so anziehend fand, wurde zur trennenden Kraft zwischen ihnen.

Wenn zwei Individuen eine Beziehung eingehen, verschulden sie sich beim jeweils anderen. Für Scott und Liam war der Jackpot ihre Verbindung, aufgebaut tagein, tagaus, Entscheidung für Entscheidung. Sie konnten sie behalten oder loslassen. Jeder Versuch, sie zum Funktionieren zu bringen, war auch ein Test ihrer Fähigkeit, sich um den anderen zu kümmern und zugleich die eigene, persönliche Entwicklung zu verfolgen. Auf dem Spiel stand nicht nur ihre Verbindung, sondern auch ihr Selbstwertgefühl, eine Währung, die direkt vom Erfolg der Intimität abhängt und dazu beiträgt, die Winkel und Entfernungen in einer Beziehung auszurichten. Obwohl der Selbstwert sich mit der Zeit wandelt, wird er früh im Leben geprägt.

Laut der vom britischen Psychologen John Bowlby entwickelten Bindungstheorie spiegeln Zuwendungs- und Bindungsstil eines Erwachsenen die Bindungserfahrungen mit Bezugspersonen in der Kindheit wider.[2] Ob wir als Kinder umsorgt oder vernachlässigt wurden, behütet oder vergessen, verhätschelt oder im Stich gelassen, ist für unsere künftige Bindungsentwicklung verantwortlich. Ausgeweitet auf die romantischen Beziehungen im Erwachsenenalter lautet die Theorie etwa wie folgt: Menschen, die mit zur Verfügung stehenden, ansprechbaren Bezugspersonen aufwuchsen, entwickeln mit größerer Wahrscheinlichkeit einen sicheren Bindungsstil. Sichere Individuen wachsen mit dem Vertrauen auf, dass sie es wert sind, geliebt zu werden und Aufmerksamkeit zu erhalten, und dass sie sich, wenn sie Unterstützung und Nähe brauchen, vertrauensvoll auf andere verlassen können. Sie fühlen sich auch mit gegenseitiger Abhängigkeit wohl, weil sie es normal finden, dass man von anderen abhängig ist oder andere von einem selbst.

Menschen, die dagegen mit Bezugspersonen aufgewachsen sind, deren Verfügbarkeit und Ansprechbarkeit unbeständig und unzuverlässig waren, sind mit größerer Wahrscheinlichkeit ängstlich in Beziehungen. Individuen mit einem ängstlichen Bindungsstil zweifeln ihr Selbstwertgefühl häufig an, halten sich nicht für liebenswert und fürchten Verlassenwerden und Ablehnung. Folglich klammern sie. Sie suchen oft Bestätigung und Rückversicherung von ihrem Partner.[3]

Es gibt noch eine dritte Kategorie von Bindungsstilen. In Fällen, in denen Bezugspersonen ständig abwesend, unerreichbar und gleichgültig sind, werden Kinder mit großer Wahrscheinlichkeit vermeidend. Wenn sie groß werden, misstrauen sie anderen und stehen Intimität argwöhnisch gegenüber.[4] Wenn Beziehungen Risiken mit sich bringen, tendiert der Vermeidende zur Flucht als Verteidigung und verlässt sich stur nur auf sich selbst. Für sie ist Bindung gleichbedeutend mit Enttäuschung, und so ist der Vermeidende, obwohl er, wie alle anderen, nach Nähe trachtet, geübt darin, ihr auszuweichen. Er leugnet seine Verwundbarkeit und Abhängigkeit von anderen Menschen, weil er den Schmerz scheut.[5]

Bindungsstile werden von verschiedenen, miteinander im Wettstreit stehenden Bildhauern geformt. Die Erfahrung der frühen Kindheit prägt sich in den ursprünglichen Entwurf der genetischen Veranlagung eines Individuums.[6] Wenn wir erwachsen werden, meißeln die Erfahrungen, die wir machen, daran weiter. Sie ritzen sich in unsere Körper, bis tief in unsere Gene.

Wie uns das Leben unter die Haut geht, ist ein Phänomen, das Epigenetik genannt wird. »Epi« bedeutet wörtlich *auf, dazu*. Es handelt sich um eine Methode, die untersucht, wie sich Gene in Merkmale und Verhaltensweisen verwandeln, die unabhängig von genetischen Sequenzen sind. Es geht darum, wie das Umfeld die Gene gewissermaßen verziert. Studien mit Nagetieren haben gezeigt, wie die frühe, elterliche Fürsorge eine physische Prägung auf der DNA hinterlässt und wie eine solche Prägung, ebenso wie das Verhalten, das sie hervorruft, über Generationen weitervererbt wird.

In der Natur existieren Mäusearten, die unterschiedliche Qualitäten der mütterlichen Fürsorge zeigen. Manche Mäusemütter verhalten sich ihrem Nachwuchs gegenüber einfach nur weniger warmherzig und hingebungsvoll als andere. Egal, ob die Jungen Gene in sich tragen, die sie empfänglich für Stress oder Ängstlichkeit machen, oder nicht, wenn sie von einer warmherzigen und fürsorglichen Mutter aufgezogen wurden, werden sie später weniger anfällig für Stress und weniger ängstlich.[7] Das liegt daran, dass die gute mütterliche Fürsorge die relevante DNA-Sequenz chemisch verändert. Eine dieser epigenetischen Modifikationen nennt sich Methylierung. Auch wenn das wie eine unumkehrbare Ausmerzung klingt, besteht Methylierung einfach nur darin, DNA mit einer Methylgruppe zu markieren: ein Kohlenstoff- und drei Wasserstoffatome – CH_3.[8]

Scott war der ängstliche Typ, Liam der vermeidende. Scott neigte dazu, Kompromisse einzugehen. Liam war selbstsüchtiger. Mit dem Preis, dass er seinen Selbstwert herabminderte, suchte Scott stets Liams Gesellschaft. Liam, dessen Selbstwertgefühl unzerstörbar zu sein schien, ignorierte regelmäßig Scotts Bedürfnisse und zog die Freiheit vor. Scott glaubte an den Trost der Intimität. Für Liam bedeutete Intimität, in Ketten gelegt zu werden.

Ironischerweise besteht zwischen ängstlichen und vermeidenden Menschen eine starke Anziehungskraft.[9] Obwohl sie an entgegengesetzten Enden der Bindungsskala stehen, stillen diese beiden Typen gegenseitig ihre Bedürfnisse. Tief in ihrem Inneren sind die Ängstlichen niemals sicher, dass jemand sie tatsächlich lieben könnte. Sie glauben, dass es immer eine riesige Kluft geben wird zwischen der Intimität, nach der sie sich sehnen, und dem, was ein Partner tatsächlich zu geben in der Lage ist. Ein Vermeidender bestätigt diesen Glauben.

Wenn der Vermeidende abwesend und unaufmerksam ist, macht sich der Ängstliche Sorgen um die Beziehung. Wenn der Vermeidende die plötzliche Andeutung von Aufmerksamkeit oder einer liebevollen Geste zeigt, wie klein sie auch sein mag, macht der Ängstliche vor Freude Luftsprünge. Das vorübergehende Glücksgefühl wird fehlinterpretiert als beständige Liebe, Hoffnungen werden wieder aufgebaut, und der Ängstliche fühlt sich bestätigt, dass er seinem vermeidenden Partner etwas bedeutet. Die diskontinuierliche Aufmerksamkeit des Vermeidenden, vermutlich ein Überbleibsel der inkonsequenten Bezugspersonen, ist für den Ängstlichen auf bizarre Weise nährend. Auf der anderen Seite passt der Vermeidende gut zum Ängstlichen, weil der Ängstliche seinen Glauben bekräftigt, dass Intimität eine unentrinnbare Falle darstellt. Der Wunsch nach Unabhängigkeit und die dominierende Macht des Vermeidenden werden durch die Bedürftigkeit und das Gefühl der Unzulänglichkeit des Ängstlichen legitimiert. Der Vermeidende setzt Grenzen, um eine Protestreaktion hervorzurufen. Er nimmt vieles auf sich, um Intimität aus dem Weg zu gehen – manchmal, indem er sich unbeliebt macht. So verfehlten Liams sporadische Signale der Zuneigung auch ihre energiespendende Wirkung auf Scott nicht. Er war süchtig danach. Liam hingegen nutzte Scotts Anhänglichkeit für seine eigene Selbstwertsteigerung aus.

Für Scott war Liams Entschluss, sich zu trennen, die Verkündung eines vorbestimmten Schicksals. Zunächst protestierte er und versuchte, Liam umzustimmen. Sie stritten, schwiegen eine Weile, um dann wieder zu streiten. Dann folgte Liams nicht verhandelbare Weigerung.

Scott gab sich der Traurigkeit hin. Er wurde zerfressen vom Kummer und verschlungen von Unglauben.

Wochenlang suchte er nach einer Erklärung. Er beharrte darauf, Worte – und Entschuldigungen – für das zu finden, was geschehen war. Wer hatte recht? Wer unrecht? Er grübelte über den Ursprung seiner Ausbrüche von Anhänglichkeit sowie Liams Gesten der Zurückweisung. Schließlich zog er eine Art Bilanz ihrer Gefühle, machte eine Bestandsaufnahme ihrer emotionalen Transaktionen, vermerkte Verletzungen und Zugeständnisse, Schläge, die er eingesteckt und ausgeteilt hatte.

Im Laufe ihrer Beziehung hatte Scott keine Mäßigung gekannt, sondern nur Extreme – entweder gab er zu viel oder gar nichts. Für Scott war die Liebe eine höhere Berufung, eine Offerte, die wertvoller war als jede Art der Kalkulation. Diese

Überzeugung beflügelte ihn. Es machte ihn großzügig, entgegenkommend, taub für Verletzungen. Wenn er nicht genug zurückbekam, wünschte er sich, er könnte wie Liam sein. Er machte sich über seine eigene Fügsamkeit lustig und wünschte, er könnte sie gegen etwas von Liams Geringschätzung eintauschen. Er wünschte, er könnte lernen, mit seinen Gefühlen geiziger zu sein.

Selbst wenn sie für eine Weile getrennt waren, hatte Liam ihn fest im Griff, und Scott schwang weiterhin zwischen Optimismus und Resignation. Hin und her. Ja oder nein. Nah oder fern. Vielleicht, vielleicht auch nicht. Ihr Bund erschien plausibel und zugleich unmöglich. Natürlich war Scott sauer auf Liam, aber gleichzeitig wünschte er sich heimlich, dass er, wie aus dem Nichts, wieder auftauchen würde. Er sehnte sich nach Liams Haut und dem Sex mit ihm. Insgeheim hoffte er, dass Liam sich änderte. Dann zerschellte seine Hoffnung unweigerlich, und Scott fügte sich seufzend in seinen neuen Zustand der Einsamkeit.

Es gibt ein Gedicht von W. H. Auden, das »The Lesson« heißt und ein beständiges Pendeln zwischen Triumph und Verlust beschreibt und die bisweilen grausame Unmöglichkeit der Liebe verkündet. Die Stimme im Gedicht erinnert sich an drei Träume. In jedem dieser Träume scheinen sich zwei Liebende zunächst näherzukommen, doch dann reißt der eine oder andere widrige Umstand das Gebäude ihres Bundes nieder. Im ersten werden sie aus einem Haus vertrieben, in dem sie Zuflucht vor dem Krieg gesucht haben. Im zweiten nimmt nach einem Kuss ein starker Wind einen der Liebenden mit sich. Im dritten können die beiden, nachdem sie mit goldenen Kronen zu den Gewinnern eines Turniertanzes gekürt wurden, nicht an der anschließenden Feier teilnehmen, weil ihre Kronen zu schwer sind, um damit zu tanzen. Stets wird ihre Vereinigung behindert und infrage gestellt. Als der Erzähler schließlich aufwacht, wird ihm klar, was die Lektion aller drei Träume sein könnte: Wir können nicht immer bekommen, was wir uns wünschen, oder vielleicht ist die Liebe auch eine Illusion.

Es schien wie eine Ironie des Schicksals, als Scott drei Monate nach der Trennung erfuhr, dass sein neuer Einsatzort Dublin sein würde.

Er erzählte es Liam nicht und hoffte, dass er es niemals herausfand.

Diese Wendung der Ereignisse half Scott dabei, Traurigkeit allmählich in Feindseligkeit übergehen zu lassen. Liam mochte vielleicht König sein, doch die Monarchie stand auf tönernen Füßen, dachte er. Er war bereit, seine Unterwerfung zu beenden und zuzusehen, wie Liams Herrschaft ausgelöscht wurde. Durch seinen Zorn strebte Scott danach, Liam aus seinem Bewusstsein zu tilgen. Er wollte vergessen. Oder vielmehr wollte er sich besser erinnern, so wie Liams Ratten. Er holte Erinnerungen hervor. Wollte ihre düstersten, verborgensten Winkel zu Gesicht bekommen, denen er sich vorher nie hatte stellen wollen. Er gab zu, dass er alle Warnzeichen in den Wind geschlagen und eine Hartnäckigkeit entwickelt hatte, mit der er jemandem hinterhergelaufen war, der ihm in Wahrheit nie auch nur einen Bruchteil von dem gegeben hatte, was er brauchte. Von Liams Ambivalenz, einer Eigenschaft, die Scott in der Vergangenheit gereizt hatte und später zum Leitmotiv ihrer Beziehung wurde, hatte er nun gründlich die Nase voll. Scott wollte unbedingt wieder zu sich selbst finden.

Vielleicht ist es möglich, jemanden gleichzeitig zu lieben und zu hassen. Wir hassen andere zuweilen, weil sie uns nicht geben, was wir brauchen und was wir von ihnen erwarten.

Soweit Scott wusste, hatte Liam ihn vielleicht auch gehasst, denn er hatte von ihm erwartet, dass er wieder angerannt kam und seinem Ego schmeichelte. Dabei hatte Liam in London so getan, als mache ihm die Trennung nichts aus, sich dann aber erbittert geweigert zu akzeptieren, dass Scott nicht zu ihm zurückgekehrt war.

Doch diesmal war Scott nicht bereit, Liams Launen entgegenzukommen.

Ganz im Gegenteil: Er begann, seinen Umzug nach Irland als Emanzipation anzusehen. In der Vergangenheit hatte Scott jede Entscheidung entweder für oder wegen Liam getroffen. Er wollte sie mit ihm teilen, Liams Begeisterung darüber hören. Für ihn war die Zeit gekommen, sich von seinen Ketten zu befreien und die Angst vor Zurückweisung abzuschütteln. Sicher würden ihm auf seinem Weg andere Menschen begegnen, die es wert waren, von ihm geliebt zu werden.

Eine Studie über die Beziehung zwischen verschiedenen Bindungstypen und über Reaktionen auf Trennungen hat interessante Unterschiede zwischen dem ängstlichen und dem vermeidenden Typus aufgedeckt.[10] Im Allgemeinen kann der Ängstliche, obwohl er akute Phasen emotionalen Schmerzes erlebt, dank fruchtbarer Reflexion seine Trennungserfahrungen in Gelegenheiten für eine persönliche Weiterentwicklung umwandeln. Andererseits erfährt der Vermeidende möglicherweise zwar eine schnelle emotionale Heilung, verliert aber durch das Fehlen der Selbstreflexion und das krampfhafte Festhalten an einer positiven Selbsteinschätzung die Chance, über seine Fehler nachzudenken und irgendeinen konstruktiven Sinn aus Trennungen zu ziehen. Er bleibt in seinen festgefahrenen Mustern stecken.

Bindungsstile sind nicht unwandelbar. Sie können sich im Laufe unseres Lebens entwickeln und verändern. Ängstliche und vermeidende Individuen können nach sichereren Perspektiven streben – alleine, untereinander oder, mit größerer Aussicht auf Erfolg, mit jemandem mit einem sicheren Bindungsstil. Ebenso kann eine bindungsmäßig gesicherte Person unter Umständen ins Wanken geraten und Züge des ängstlichen oder vermeidenden Typs annehmen.

Die Quadratur des Kreises ist nun mal nicht möglich. Wir können tief verwurzelte Gewohnheiten nicht radikal oder von einem Tag auf den anderen umkehren. Aber wir können Aspekte an unserem Verhalten oder dem unseres Partners identifizieren, die nach Veränderung schreien, und Wege finden, daran zu arbeiten. Wir sind weit davon entfernt zu wissen, welche epigenetischen Modifikationen auftreten müssten, um solche Veränderungen hervorzurufen. Auch wissen wir nicht, wie lange solche Modifikationen währen würden. Aber das Bewusstsein, dass eine Veränderung nötig ist, ist schon mal ein guter Anfang.

Scott befand sich in einer besonderen Situation, er war empfänglich für Wandlungen. Bedeutende Lebenseinschnitte bieten die Möglichkeit, einen personalisierten Zeitenlauf zu erleben und die Gelegenheit zu ergreifen, niederzureißen und neu zu bauen. In dieser seltenen Dimension löschen und prägen wir verschiedene Versionen von uns selbst.

Scott sah sich am Schiffsanleger um und saugte alles Neue in sich auf. Das Vertrauteste daran war die Art, wie die Menschen redeten. Er konnte die Melodie von Liams Sprechweise heraushören.

Am späten Abend nach seiner Ankunft in Dublin gab Scott der Neugierde nach und ging zum berühmten Forty

Foot. Die kleine Bucht war verlassen und kam ihm vor wie ein Alkoven. Langsam zog er sich aus, trat an den Rand eines Felsens und spürte, wie der salzige Wind sanft über seine Haut strich. Hemmungslos seufzte er. Er war am Forty Foot wegen und trotz Liam, aber auch um seiner selbst willen, glaubte er, und zu seinen eigenen Bedingungen.

Ohne zu zögern, sprang er ins Wasser, und das dunkle Tuch des Meeres umschloss ihn mit seiner augenblicklichen Kälte, die beunruhigend und doch erfrischend war. Ein Sprung ins Wasser hat immer etwas Unheimliches an sich. Er ist ein kurzlebiger Triumph, eine gewonnene Wette, ein erfülltes Versprechen. Das Selbstvertrauen wird auf die Probe gestellt. Der Blick in die Zukunft verdichtet sich in einem einzigen Akt der Kühnheit.

Nach dem Prinzip des Archimedes erhält ein Gegenstand, der in eine Flüssigkeit eindringt, einen Auftrieb, dessen Kraft gleich hoch ist wie das Gewicht der Flüssigkeit, die er verdrängt. Es ist, als verliere der Gegenstand etwas von seinem Gewicht, um dem Auftrieb seine Kraft zu leihen. Für jedes eingegangene Risiko verliert man etwas und bekommt etwas zurück. Oft verzichten wir auf etwas, um im Gegenzug etwas Größeres zu erhalten. Scotts entschlossener Umzug in eine ungewisse Zukunft trug die ganze Kraft seines Schwurs in sich, ein neues Leben anzufangen. Sein Sprung ins Wasser trug das ganze Gewicht seines erneuerten Wertes. Was er auch immer auf dem Weg verloren hatte, er hatte genügend Wellen verursacht, um eine Veränderung herbeizuführen. Er hatte mehr Klarheit darüber gewonnen, wer er war, und über den Weg, der vor ihm lag. Welche Verluste er auch immer erfahren würde, er fühlte sich wie ein Gewinner und war zufrieden mit dem Sieg. Er hatte seinen eigenen Wert Liams Kontrolle entrissen.

Er tauchte wieder an die Oberfläche, tat drei oder vier tiefe, lautstarke Atemzüge, spuckte und schwamm etwa hundert Meter und zurück. Dann gestattete er sich, still auf dem Rücken zu treiben, alle Glieder von sich gestreckt und die Augen geschlossen. So wartete er zwei Minuten, als wolle er seinem Schwur ermöglichen, in Kraft zu treten, einem Zauberspruch, zu wirken.

»Du existierst nicht, wir sind uns nie begegnet, du existierst nicht, ich werde dich vergessen ...«, wiederholte er für sich.

Als er die Augen wieder öffnete, spürte er jemandes Gegenwart in der Nähe und stellte sich vor, dass er von einem Delfin umworben wurde. Er sah sich um, und als er sich umdrehte, um wieder ans Ufer zu gelangen, sah er sich unweigerlich der Felsklippe gegenüber.

Split or steal?

Unbeweglich und unzerstörbar ragte oben auf dem Felsen Liam über ihm auf. Er hatte es sich anders überlegt. Er hatte seinen Job gekündigt und war nach Hause zurückgekehrt, in sein eigenes Revier.

Es gab keinen Gewinner oder Verlierer mehr. Nur eine neue Wette und neue Risiken.

Bevor Scott irgendetwas tun oder sagen konnte, sprang Liam hinein und rief dabei: »Ich hab dir doch gesagt, dass wir eines Tages zusammen hier sein werden.«

EIN WINTERGARTEN

ÜBER DIE TRENNUNG
VON SEX UND LIEBE

Die Wahrheit ist, dass die Kerle einfach nichts mit mir anzufangen wissen«, sagte Paul, bevor er in eins der Lachsküchlein biss.

»Wie meinst du das?«, fragte Fred lachend.

»Sie fühlen sich von mir angezogen, aber letztendlich glauben sie, dass ich zu einer anderen Spezies gehöre, und suchen das Weite. So schnell sie können.«

»Bevor oder nachdem du dich ihnen in deinen Zipfelzwickern präsentiert hast?«

»Sehr witzig, Rebecca – aber für gewöhnlich kommen wir nicht mal über die oberste Kleidungsschicht hinaus!«

»Ach komm, reich mir mal den Saft und sei nicht so pessimistisch«, sagte Fred.

»Aber ich meine es ernst. Es ist wirklich so!«

»Warum gehst du nicht öfter ins Internet?«

»Nein!«

»Ok«, sagte Rebecca. »Ich glaube, dein Problem ist, dass die Typen ›Heirate mich‹ auf deiner Stirn lesen, und das sage ich, weil ich wahrscheinlich dasselbe Problem habe!«

»Du müsstest nur mal mit uns in den Club kommen, und du würdest in null Komma nichts flachgelegt werden«, sagte Fred.

»Vergiss es, ich gehe da nicht hin!«

»Hey, und was ist mit mir?«, sagte Rebecca. »Darüber, ob ich flachgelegt werde, macht ihr euch wohl keine Gedanken!«

Sex war beim Sonntagsbrunch regelmäßig Thema. Wie viel, mit wem und welcher Art. Daran maßen sie die Rangfolge eines jeden in ihrem Kreis.[1] Insbesondere, wenn die ersten Frühlingsboten ein heiteres Treiben im Freien in Aussicht stellten, fühlten sie sich einsamer als sonst oder, wie Paul es formulierte, litten unter schweren *Lust-itis*-Attacken – mit anderen Worten, sie wurden ganz zappelig … vor Geilheit. Die Anwesenden tauschten Rezepte aus, wie man die Objekte seiner Begierde am besten eroberte, und redeten über kürzlich stattgefundene oder geplante sexuelle Begegnungen, und zwar überaus detailliert und anschaulich.

Während er vom Tisch zum Sofa ging, fragte Fred: »Was willst du denn eigentlich, Paul? Einen guten Fick oder mal richtig in den Arm genommen werden?«

»Warum kann ich denn nicht beides haben?«

Eine ganze Weile hatte Paul dummerweise keins von beidem bekommen.

Mit seinen neunundzwanzig Jahren, gut aussehend und nett, hatte Paul das Gefühl, die besten Jahre seines Lebens zu vergeuden. Geboren und aufgewachsen in Los Angeles, erholte er sich zu der Zeit, als er wegen eines Jobs nach Berlin zog, gerade von einer dreijährigen Beziehung, die ihm viel bedeutet hatte und in die Brüche gegangen war, weil sein Freund ihn mit einem anderen Mann betrogen hatte, den er im Internet kennengelernt hatte. Seine Versuche, einen neuen Freund zu finden oder einfach nur Sex zu haben, waren erfolglos und ernüchternd gewesen.

Sex zieht Sex nach sich. Der Mangel daran hat oft den gegenteiligen Effekt. Anstatt anzuziehen, stößt er ab.

Als erfolgreicher Banker arbeitete Fred auf drei Kontinenten. Er unterhielt eine Wohnung in Berlin und kehrte, sooft er konnte, dorthin zurück, weil er in Berlin die meiste »Action« erlebte, indem er in Kneipen und Clubs ging oder auf seinen vielen Dating-Profilen und -Apps aktiv war. Er schlief mehr oder weniger jedes Wochenende mit einem anderen Typ, ließ aber nie zu, dass einer von ihnen länger als eine Nacht blieb. Üblicherweise stieß er sie zur Tür hinaus, sobald er gekommen war. Paradoxerweise beklagte er sich dann über sein Single-Dasein.

»Okay, und was ist mit diesem Kerl, den du gerade kennengelernt hast und so gern magst, wie hieß er noch gleich …?«, neckte Fred Paul.

»Wer, Nathan?«

»Genau! Macht ihr etwa Kreuzworträtsel, wenn ihr zusammen seid?«

»Lass Nathan aus dem Spiel. Der ist meine größte und letzte Hoffnung.«

»Ach, du Schwarzseher!«

Nathan war ein schüchterner junger Mann mit einem bissigen Humor und einem Teilzeitjob als Herausgeber eines Reisemagazins. Paul hatte ihn kürzlich bei einer Vernissage kennengelernt. Sie waren so was Ähnliches wie zusammen, hatten aber keinen Sex. Fred verstand einfach nicht, warum Paul sich immer noch mit Nathan traf, und deutete an, dass er ihm den Laufpass geben solle. Paul wollte Nathan unbedingt sexuell kennenlernen, fand aber nichts dabei zu warten.

Nach einer letzten Tasse Kaffee war die Gesellschaft bereit, ihr Glück in der Disco zu versuchen. Praktischerweise fuhr direkt vor Freds Haustür ein Bus ab, der einen Steinwurf entfernt vor der coolsten Disco der Stadt hielt, die das ganze Wochenende nonstop geöffnet hatte. Sonntag war der neue Samstag.

»Also, kommst du jetzt mit uns in den Club oder nicht?«,
drängte Fred Paul.

Aus einem Impuls heraus kam Paul mit. Nach zehn Minuten zwischen den Tanzenden, Trinkenden und Herum-
knutschenden wurde Paul von einem Fremden beobachtet,
der ihm signalisierte, dass er ihm nach draußen folgen sollte,
zum Notausgang hinaus auf den Rasen hinter der Disco, der
ein beliebter Ort zum Abhängen war. Eine ganze Weile starrten sie einander von Kopf bis Fuß an. Der Fremde ließ nicht
locker. Pauls Körper kochte, doch er war gebunden.

Schließlich trat Paul mit einem Grinsen, das an Spott
grenzte und Verlegenheit verriet, vor und murmelte: »Wie
heißt du?«

Die Antwort des Fremden war unerbittlich: »Ich bin nicht
zum Reden hergekommen.«

Der Drang, Körper und Geist zu trennen, kann sich als außer-
ordentlich langlebig erweisen. Es scheint unmöglich, dass der
eine für den anderen sprechen kann, ohne dass es zu Miss-
verständnissen kommt. Der Theoretiker und Autor David
Halperin stellt fest, dass guter Sex jeder Ironie entbehrt. Ein
»Fick mich«, das im kleiner werdenden Abstand zwischen
zwei vor Leidenschaft glühenden Körpern ausgesprochen
wird, »ist die unironischste Äußerung der Welt«.[2]

Tatsächlich kann ein Lächeln bei bestimmten Gelegenheiten nur für Verwirrung sorgen. Wie Halperin uns erinnert,
wird normalerweise immer erst am Ende des Beischlafs ge-
lächelt. Vorher ist es überflüssiger Zierrat. Die Freundlichkeit
und Heiterkeit, auf die Paul manchmal zurückgriff, um seine
Verlegenheit zu überspielen, bildeten eher Hindernisse als
Brücken für die Einleitung eines erotischen Dialogs.

In Momenten höchsten sexuellen Genusses sind wir typischerweise unempfänglich für äußere Ablenkungen. Wir treiben auf eine scheinbar nicht zu greifende Dimension zu. Diese spezielle Eigenschaft des leidenschaftlichen Triebes kann physiologisch gemessen werden. Beim Orgasmus sind zum Beispiel die vorderen Bereiche des Gehirns, die im Allgemeinen Kontrolle über unsere Emotionen ausüben, gedämpft.[3] Auch die Amygdala, die aktiv ist, wenn wir Ängste ausstehen, fährt herunter.[4] Das gesamte Erleben ist roh, aber getrübt. Die Kontrolle geht verloren, Sorgen zerstreuen sich. Und ebenso die Ironie. Aber wie sehr wir es auch versuchen, Geist und Körper trennen sich niemals vollständig, und Sex, selbst von der anonymsten Sorte, gehört nie nur zum einen oder zum anderen Teil. Egal, wie kurz, spontan oder unverbindlich eine sexuelle Begegnung sein soll, sie ist aufgeladen mit Gedanken und Mutmaßungen, die sie verkomplizieren. Die eigentliche Tatsache, Sex zu suchen, wird von Hoffnungen und Erwartungen durchzogen und kann auf Ausreden, Lügen und Auslassungen aufgebaut sein.

Bevor wir jemanden überhaupt berühren, schließt die Art, wie sich unser erotisches Begehren auf ihn richtet – oder eben nicht –, nicht nur unsere primitivsten Instinkte und Triebe ein, die in unserem limbischen System pulsieren, sondern auch ein ganzes, hoch kompliziertes Gerüst kognitiver Verarbeitung in kortikalen Bereichen.[5] Selbst in einem Sex-Klub, in völliger Anonymität, reagieren wir auf eine Art auf einen sexuell wünschenswerten Reiz, die einen gewissen Grad an Komplexität beinhaltet.

Wenn wir uns, verschlungen mit dem Körper eines anderen, herumwälzen, verschwitzt und außer Atem, begierig, Lust zu bereiten und zu empfangen, entspringen eine ganze Menge Informationen aus einem Bündel aus Vergangenheit, Gegenwart und Zukunft. Was wir berühren und berühren lassen. Die Geräusche, die wir machen und die wir nicht machen. Was wir sagen und was nicht. Ob wir aktiv oder passiv sind. Das Gewicht unserer Bewegungen. All das variiert je nachdem, wer wir in diesem Moment sind, woher wir kommen und was wir uns wünschen. Unsere Körper lassen Mängel durchblicken, Ängste, Bedürfnisse und Beklemmungen, die mittels unserer Sinne, Erfahrung und Intuition uns helfen, wahrzunehmen.

Wieder zu Hause, als es schon dunkel war, masturbierte Paul, während er bei den Nachbarn über den Hof nach und nach die Lichter ausgehen sah. Als er gerade gekommen war, piepte eine Nachricht von Nathan auf seinem Handy:

»Hast du nächstes Wochenende Zeit, mit mir ins Theater zu gehen?«

Statt einzuschlafen, blieb Paul die ganze Nacht wach.

Stellen Sie sich Intimität als große Villa vor, mit einer riesigen Anzahl von Räumen, großen und kleinen, dunklen und hellen, sichtbaren und versteckten.

Für jeden neuen Gast ist der Grad der Intimität mit dem Hausherrn umso stärker, je tiefer er ins Haus vordringt. Wir lassen nicht einfach jeden in unsere Küchenschränke schauen, und genauso wenig nehmen wir sie direkt mit in den Keller, wo wir unser Gerümpel und unsere größten Geheimnisse aufbewahren.

Der Garten, ein wesentlicher Teil des Anwesens, bietet viel Spaß. Blumen, vielleicht Früchte, frische Luft und ein Pool. Gut zum Versteckspielen geeignet, hat er den Vorteil, dass man von dort aus in die Gärten anderer schauen und gelangen kann. Das Innere des Hauses ist gemütlich. Ein Kamin, Sofas, Wolldecken, eine Bibliothek voller Bücher. Aber es gibt auch Schubladen mit Quittungen, Rechnungen und

Krimskrams, die zu akzeptieren und ordnen man Disziplin braucht.

Nun stellen sowohl der Garten als auch der Innenbereich Risiken dar. Draußen ist alles unvorhersehbar. Die Temperatur könnte plötzlich abfallen, ein heftiges Gewitter könnte ein Picknick ins Wasser fallen lassen, vielleicht stechen uns lästige Bienen. Wenn jedoch im Haus etwas schiefläuft und wir uns im Garten befinden, haben wir immer noch die Chance, flink über den Gartenzaun zu springen und zu flüchten. Wenn wir dabei sind, uns im Keller alte Fotos anzusehen, könnte das ganze Gebäude über uns zusammenstürzen, und wir werden vielleicht unter dem Gewicht der Erinnerungen zerquetscht. Wenn es um die Architektur von Beziehungen geht, ist es paradoxerweise riskanter, ein Dach über dem Kopf zu haben, als draußen zu bleiben. Von wegen *trautes Heim.*

Die Herzen mancher Menschen sind eindeutig drinnen zu Hause. Sie haben ihren Platz im Keller. Doch mit der heutigen Mode endloser Optionen, Online-Bekanntschaften und One-Night-Stands ziehen viele Menschen es vor, ihre Gäste nur in den Garten zu lassen, während die Haustür geschlossen und die Vorhänge zugezogen bleiben. Jemanden ins Haus zu lassen, kommt ihnen gar nicht in den Sinn. Das bedeutet jedoch, dass jeder letztendlich alleine in sein eigenes Haus zurückkehrt. Für die Sicherheit zahlt man den Preis der Einsamkeit. Wenn wir das Innere des Hauses nicht teilen, erleben wir die Reise der Intimität nur am Rande.

Solch eine strikte Trennung zwischen reiner Lust und fester Bindung ist in der Architektur von Beziehungen schonungslos. Doch sie ist auch kurzsichtig, bestenfalls, und ein bisschen feige angesichts der großen Fülle an Möglichkeiten der Liebe. Sie wird dem endlosen und raffinierten Potenzial einer Begegnung zwischen zwei Identitäten nicht gerecht, und auch nicht deren Komplexität.

Zeit mit jemandem im Haus zu verbringen, bedeutet definitiv eine weniger lockere Verbindung, als sich im Garten aufzuhalten, doch alles in allem ist es eine wesentlich interessantere Erfahrung, die viel mehr über den Hausherrn verrät.

Kultur und Erziehung, unterstützt durch den Einfluss so einiger religiöser Doktrinen, stimmen gemeinsam einen Choral an, der uns überzeugen will, dass Leidenschaft nicht mit dauerhafter Liebe gleichzusetzen ist.[6] Sex ist vergänglich, flüstert er, während Beziehungen uns erden. Kopulation ist etwas anderes als Kuscheln. Freundlichkeit zerstört die sexuelle Anziehung. Von der Dating-Etikette zwischen Fremden bis hin zum Sex nach Terminplan in etablierten Beziehungen, die Kluft zwischen sexueller Lust und romantischer Zuneigung kann riesig sein. Schlimmstenfalls klingt das Echo all dieser Propaganda so: Wir würden alle gern riskieren, erotische Perverslinge zu sein, aber das ist schwer bei der Person, mit der wir zusammen sind.

Wie viele seiner Freunde versuchte Paul einfach nur, seinem Intimleben einen Sinn zu verleihen.

Einerseits war ihm das Universum von Internet-Chats und lockeren Bekanntschaften ein Graus. Andererseits fühlte er sich zu ihm hingezogen, teilweise, weil er keine Alternativen sah. Die meisten Typen, mit denen Paul chattete, insbesondere die jüngeren, waren Zeitverschwendung. Auf der Suche nach sofortiger Befriedigung führten sie lange, teilweise schlüpfrige Unterhaltungen – ausschließlich schriftlich, weil ein Telefonat schon zu nah wäre. Die Neckereien waren vorzüglich, die Rhetorik erlesen. Atemlose Szenarien erotischer Hingabe. Sie klangen, als könnten sie keine Sekunde länger warten, ihn zu treffen, und machten große Verheißungen, was sie sagen und tun würden – oder nicht –, wenn sie ihm persönlich begegneten. Aber wenn es dann, nach all der virtuellen Anstachelung und Vorarbeit, darum ging, sich in der Realität zu verabreden, blieb alles Fantasie. Entweder brachen sie den Kontakt komplett ab, was man auch als »Ghosting« bezeichnet, oder sie ließen sich Ausreden einfallen.[7]

Dann gab es noch die Kerle, die Paul zwar treffen, aber nur Sex und nichts anderes wollten. Einmal bekam Paul in einer Dating-App eine Nachricht von einem Typ, der ihn ein oder zweimal im Fitnessstudio beobachtet hatte.

»Hallo, hättest du Lust, dich mit mir zu treffen?«

Obwohl er sich noch nie persönlich mit ihm unterhalten hatte, hatte Paul von anderen Jungs im Fitnessstudio gehört, dass der Betreffende ein Orchester-Dirigent war, der vor Kurzem in die Stadt gezogen war. Paul stand auf ihn, also lud er ihn für ein paar Tage später ins Theater ein: »Karten für die erste Reihe bei einem von den Sonetten Shakespeares inspirierten Stück. Nach der Vorstellung noch etwas essen und trinken gehen.«

Antwort:

»Danke für die Einladung, Mister. Sehr nett von dir, aber ich frage mich, worauf das hinauslaufen soll. Sorry, aber an dieser Art Treffen bin ich nicht interessiert.«

Der Dirigent ignorierte, dass die von Paul bewusst gewählten Sonette Shakespeares gespickt sind mit sexuellen Anspielungen, er konnte sich gar nicht schnell genug aus dem Spiel zurückziehen, als würde Paul ihn durch seinen Vorschlag eines Abends im Theater in die Tiefen seines Lebens hinabreißen, dort gefangen halten und ihm als Nächstes einen Heiratsantrag machen. Ein Ausflug direkt in das Schlafzimmer des Hauses der Intimität, ohne auch nur flüchtig an den Rosen des Gartens geschnuppert zu haben. Ein ausgewachsenes Date mit Theater und allem Drum und Dran war wohl zu viel verlangt von jemandem, der, anstatt Paul direkt anzusprechen, den Weg über die virtuelle Kommunikation bevorzugt hatte. Verrückterweise fragte der Dirigent Paul eine Woche später im Fitnessstudio, ob er Lust auf einen Quickie hätte.

Unverbindliche Begegnungen, die allein auf Sex basieren, sind normalerweise mittelmäßig. Wenn sich die sexuelle Handlung selbst nicht gerade als außergewöhnlich entpuppt, hinterlässt eine Verabredung, die einen Konzertbesuch, schlechten Wein, einen guten Witz, eine Meinungsverschiedenheit, eine Reifenpanne oder – wer weiß? – vielleicht sogar ein kleines Geheimnis umfasst, eine schönere Erfahrung als eine, die sich auf eine Internet-Nachricht und eine heiße Nummer beschränkt.

Paul war ein intensiv lebender Mensch. Er sehnte sich nach Sex mit Genuss. Er wollte nicht einfach nur jemanden abschleppen. Er ignorierte – oder weigerte sich zu akzeptieren –, dass das Vorwagen in jemandes Haus mit Risiken verbunden war. Ob es für ein paar Stunden war, zwei Wochen oder tatsächlich ein Leben lang, Paul glaubte, dafür gewappnet zu sein, abenteuerliche Sprünge vom Garten in diverse Räume im Inneren und zurück zu vollführen, ohne groß zwischen verschiedenen Arten erotischer und emotionaler Verbindungen zu unterscheiden. Mit dem Ergebnis, dass jede kleinste Interessensbekundung von seiner Seite sofort, wie Rebecca gesagt hatte, als etwas Verbindliches interpretiert wurde.

Leicht kann man den Eindruck gewinnen, dass Promiskuität ausschließlich eine Gewohnheit der Welt der Homosexuellen sei. Wie wir im Kapitel »Der Transit der Venus«

gesehen haben, ist das nicht so.[8] Zum Beispiel ist die Nutzung von Online-Dating für schnelle Nummern und x-beliebige Sexbekanntschaften in der heterosexuellen Welt ebenso weitverbreitet. Eine Umfrage unter Abonnenten der Internet-Dating-Seite OkCupid kam zu dem Ergebnis, dass Männer und Frauen, egal, ob homo- oder heterosexuell, vergleichbare sexuelle Gewohnheiten haben. Der Prozentsatz der Seitennutzer, die ausdrücklich nur nach Sex suchten, war innerhalb eines Spielraums von sechs bis sieben Prozent vergleichbar, mit Ausnahme eines Prozentsatzes von 0,8 bei heterosexuellen Frauen, was laut dem Gründer von OkCupid und Autor der Umfrage vermutlich für ihre sexuelle Kühnheit spricht.[9] Ähnlichkeiten gab es auch bei der angegebenen Anzahl lebenslanger Sexpartner.[10] Das Klischee über die Promiskuität schwuler Männer bestätigte sich lediglich bei den Sonderfällen in ihrer Gruppe. Die Zahl der Sexpartner – 25 oder mehr – war doppelt so hoch wie bei ihren heterosexuellen Pendants angegeben.

Tatsächlich war Rebecca ähnlichen Problemen begegnet. Einer ihrer Exfreunde hatte ihr mal eine Kurznachricht geschickt: »Sex funktioniert einfach nicht – ich bin nicht in dich verliebt.«

Rebecca musste sie zweimal lesen. Und noch ein drittes Mal laut. Ihre Beziehung hing gefährlich an zwei durch einen Gedankenstrich verbundenen Aussagen. Die Terme der Gleichung verblüfften Rebecca. Was kam denn zuerst, fragte sie sich, die körperliche Anziehung oder das Gefühl?

Und was zählt mehr, ein großes Repertoire an Sexstellungen oder ein unvergängliches Talent zur liebevollen Hingabe? Verkehr oder eine Umarmung? Sie starrte auf das Display ihres Handys, spulte vor ihrem geistigen Auge vergangene Bettszenen mit ihm ab und suchte nach Hinweisen in ihren oder seinen Handlungen, die sein ernüchterndes Fazit vielleicht hätten vorausahnen lassen.

In der nie endenden Schule unserer Sexualität – die tiefe Wurzeln hat – ist jede Begegnung mit einem neuen Partner eine Lektion. Wir lehren und lernen, wir übernehmen Dinge und geben andere auf. Wir glätten Kanten oder knicken neue Ecken. Woran wir uns gewöhnen, ist auf delikate Weise entscheidend, denn, wenn sie bestärkt werden, kehren Gewohnheiten zurück. Einige von uns suchen nur Sex, einige bestehen darauf, Sex mit Liebe zu verbinden. Manche von uns sind agiler als andere, wenn es darum geht, Vorlieben zu ändern.

Obwohl er in der Vergangenheit eine kleine Zahl beliebiger sexueller Begegnungen genossen hatte, aus denen sich keine Beziehung entwickelte, bestand der Großteil von Pauls sexueller Vergangenheit aus Sex in Verbindung mit Zuneigung. Diese Art körperlicher Erfahrung war nicht nur eine Gewohnheit der Vergangenheit, sondern auch eine Projektion in seine Zukunft. Letztendlich sehnte Paul sich nach einer Verbindung, die das Körperliche zwar einschloss, aber weit darüber hinausging.

Durch all seine Lebenskraft ist Sex zweifellos gut für die Gesundheit und das Wohlbefinden und bildet eine starke Macht. Mehrere Studien belegen, dass das Gehirn von Säugetieren gut auf sexuelle Aktivität anspricht.[11] Als zutiefst hedonistische und lohnende Erfahrung ist Sex regenerativ und schützt den Körper vor den gesundheitsschädlichen Auswirkungen von Stress. Im Gehirn trägt Sex zur Neurogenese bei, der Bildung neuer Nervenzellen. Eine Studie bei Ratten ergab, dass es bei den Tieren, wenn sie gerade einem intensiven, einmaligen sexuellen Ereignis ausgesetzt waren, einen vorübergehenden Anstieg der Stresshormone gab – vielleicht in Zusammenhang mit der Neuheit der Begegnung –, aber parallel fand auch ein deutliches und beträchtliches Wachstum der Neuronen im Hippocampus statt, einer Region des limbischen Systems, die an Emotionen, der Bildung von Erinnerungen und der räumlichen Orientierung beteiligt ist. Wenn sie erneut dem Sex ausgesetzt wurden – manchmal mit demselben Partner –, wurde die Neurogenese angekurbelt. Wie bei einer Serie von Verhaltenstests im Labor gemessen wurde, wurde durch die sexuelle Erfahrung auch der Pegel ängstlichen Verhaltens der Tiere gesenkt.[12] Opiate und andere Moleküle, wie das Dopamin, die an der Stimulation angenehmer Belohnungsempfindungen beteiligt sind, ebenso wie das bindungswirksame Hormon Oxytocin, tragen zur Regulierung der Neurogenese und der Angst reduzierenden Wirkung bei.[13]

Nun ist Sex an sich gut, aber er ist nicht weniger gut, wenn er eingehüllt ist in ein Gefühl von Sicherheit, Zugehörigkeit und Verständnis. Sowohl kurz- als auch langfristig kann emotionale Intimität das Sexualleben nur verbessern. Längsschnittforschungen kommen allmählich zu der Annahme, dass die Kommunikation sowie Verbindlichkeit und ein Gefühl der Stabilität sowohl bei verheirateten als auch unverheirateten Paaren die sexuelle Befriedigung verbessert.[14] Eine Studie, die diese Verknüpfung insbesondere bei frisch verheirateten heterosexuellen Paaren untersucht hat, fand heraus, dass Kommunikation, Selbstachtung und Beziehungsstabilität entscheidender für die Sicherung sexueller Befriedigung in jungen Phasen der Partnerschaft sind als Verbindlichkeit und eine Hochzeit. Die selbstbewusste Fähigkeit einer Ehefrau, ihre sexuellen Wünsche zu kommunizieren, helfe ihrem Mann zu verstehen, was er tun müsse, um sie sexuell zu befriedigen. Im Gegenzug sei die Bereitschaft eines Ehemannes, einfühlsam zu kommunizieren und die Gefühle seiner Frau zu verstehen, maßgeblich für ihre sexuelle Befriedigung.[15]

Eine der Ausreden, mit denen Fred erklärte, warum er sich nie wieder mit den Jungs traf, mit denen er geschlafen hatte, war die schlechte Qualität des Sexes, etwa: »Es hat im Bett einfach nicht gefunkt.« Die Leistung war ein wichtiger Punkt. »Stell dir vor, du schläfst mit einem Typ, und es klappt nicht«, sagte er. »Er stellt sich ungeschickt an, oder, noch schlimmer, du stellst dich ungeschickt an, kriegst keinen hoch oder kommst nicht zum Orgasmus. Wenn das bei jemandem passiert, den du nicht kennst oder gerade erst kennengelernt hast, ist das egal. Er geht wieder, und das war's dann. Keine Schande, keine Peinlichkeiten.«

Es kann eine Riesenkluft liegen zwischen Erwartung und Wahrscheinlichkeit, zwischen Fantasie und Realität des Geschlechtsverkehrs. In unserer Vorstellung können wir sehr weit gehen, aber die Realität ist weit davon entfernt, perfekt zu sein. Interessanterweise spiegelt sich dieser Konflikt in elektrischer Aktivität im Gehirn wider. An Erfahrung und Vorstellung sind ähnliche Hirnregionen beteiligt, doch in jedem Fall ändert der Informationsfluss zwischen jenen Bereichen seine Richtung. Wenn ein Bild auf unser Auge trifft, wird der visuelle Input zunächst im Occipitallappen empfangen und interpretiert. Dieser befindet sich in unserem Hinterkopf an der Basis unseres Gehirns. Von da aus wandert das Signal nach vorne und oben in Richtung des Parietallappens. Wenn wir uns etwas vorstellen, wird der Fluss des elektrischen Signals umgekehrt. Es verläuft vom Parietallappen hinab in den Occipitallappen. So fließen visuelle Wahrnehmung und geistige Vorstellung in entgegengesetzte Richtungen.[16]

Der Sex muss nicht sagenhaft sein, wenn wir zum ersten Mal mit jemandem schlafen. Sexuelle Fertigkeiten und Kompatibilität verbessern sich mit der Zeit, und emotionale Nähe besitzt die Macht, den Prozess zu beschleunigen. Besserer Sex kann aus dem Wohlfühlen mit dem Partner entstehen, und Eigenschaften wie Offenheit, Geduld und Vertrauenswürdigkeit können der sexuellen Befriedigung dienen, statt sie zu bedrohen. Grundsätzlich liegen größere Vorteile im Genuss von Sex, auch wildem Sex, innerhalb der Geborgenheit, Weisheit und Freundlichkeit einer liebevollen Bindung mit dem eigenen Partner.

Obwohl er es nicht zugeben würde, hatte Fred, neben dem dringenden, rein körperlichen Bedürfnis, berührt zu werden und Körperflüssigkeiten auszutauschen, auch das Bedürfnis, in den Arm genommen zu werden, zu kuscheln und sich verstanden zu fühlen. Er hatte sich nur schon so daran gewöhnt, in der Gegend herumzuvögeln, dass er so tat, als wäre er nicht in der Lage, zweimal mit demselben Kerl zu schlafen.

Neben denen, die nur Sex wollten, und denen, die nur über Sex fantasierten, traf sich noch eine andere Kategorie Typen mit Paul, die oft eine Vielzahl von Zügen und Eigenschaften aufwies, die sie zu den perfekten, potenziellen Langzeitpartnern machten. Vielleicht schliefen sie sogar mit ihm. Doch dann zogen sie sich plötzlich zurück, obwohl sie sich von ihm angezogen fühlten, und lieferten das folgende Lippenbekenntnis:

»Du bist perfekt, aber ich bin nicht der Richtige für dich.«

»Oh, du bist so interessant, du brauchst jemand Außergewöhnlicheren als mich.«

»Weißt du, mit dir wäre es nicht wie mit all den anderen Typen. Mit dir wäre es anders …«

Merkwürdigerweise hatten es alle, wenn sie Paul los waren, sehr eilig, den nächsten Partner zu finden, mit derselben Hoffnung, ihn zu halten, obwohl sie sich oft wieder als nicht passend herausstellten.

Perfekt, interessant, anders, außergewöhnlich.

In Wahrheit waren all diese schmeichelnden Attribute ein Deckmantel für ein anderes: real. Die Sache, der all diese Kerle aus dem Weg gehen wollten, indem sie Paul abwiesen, war das Verlangen selbst. Eine Eigenschaft, die ihnen immer noch fehlte, war die Reife, ein offenes Herz zu haben. Alles in allem sorgen Chats, Sexting, Ghosting und einmalige Dates dafür, dass alles im Bereich des Unmöglichen bleibt und man vor der Intensität echten Verlangens und der damit verbundenen Angst gefeit ist.

Manche glauben, dass die Schwulenwelt notwendigerweise, wegen der Unterdrückung, die sie in der Vergangenheit erlitten hat, eine Kultur der Intimitäten entwickeln musste – des Herumstreunens, der Paraden, der Promiskuität etc. –, die wenig mit Häuslichkeit, Pärchentum oder Familie zu tun hat. Es ist, als wären diese Dinge geschaffen worden, um einem Status quo der Intimität entgegenzuwirken, dem schwule Beziehungen immer ehrfürchtig gegenüberstanden.[17] Traurigerweise ist es sogar möglich, dass manche Typen Paul aufgrund verschiedener Formen von psychologischem Druck durch die Gesellschaft, oder sogar durch die Familie, aus dem Weg gingen, weil sie tief im Herzen immer noch nicht ihren Frieden mit ihrer eigenen Homosexualität gemacht hatten. Sie steckten in dem Glauben fest, dass sie selbst, und was sie sich wünschten, es nicht wert waren, und da eine Beziehung mit einem anderen Mann nicht wünschenswert war, war es besser, sich aus dem Staub zu machen, wenn eine Geschichte ernster zu werden drohte.

Verhaltensweisen sind ansteckend. Unglücklicherweise breiten diese Einstellungen sich aus und erzeugen Zurückhaltung, Zynismus, Zweifel und eine Art erzwungener Resignation vor der Unmöglichkeit der Liebe. Mit dem hohen Preis der Einsamkeit.

Allmählich wurde Paul klar, dass er, indem er den falschen Personen eine echte Beziehung vorschlug, Intimität selbst vermied und sich Ablehnung und Enttäuschungen aussetzte. Er beschloss, nach der Intensität zu streben, die er sich wünschte. Alles andere wäre nur ein Ersatz dafür gewesen. Er sehnte sich nach jemandem, der auch bereit war, Risiken einzugehen, der Mut, Neugier und Respekt besaß, und Abenteuerlust.

Um zu der Metapher mit dem Haus zurückzukehren, war alles, was Paul brauchte, vielleicht ein attraktiver und geräumiger Wintergarten. Erfunden für Erholungszwecke, ist ein Wintergarten ein Umfeld, das wohl kaum Klaustrophobie auslösen kann. Gefüllt mit exotischen Pflanzen und Blumen umgibt uns ein Wintergarten mit der Rohheit der wilden Natur, ist aber zugleich ein geschützter, privater Ort. Er ist gemütlich und fremdartig zugleich. Auf halbem Weg zwischen den ungezügelten Verrücktheiten – egal, ob echt oder eingebildet – der Spielwiese da draußen und dem Gespenst erdrückender Verbindlichkeit der inneren Räume, ist der Wintergarten in der Nähe der Tür, aber auch nur wenige Schritte vom Schlafzimmer entfernt. Ein Wintergarten ist eine Dimension, wo wir unsere eigenen Angebote und Grenzen der Intensität und die von jemand anderem annehmen können. Ein Raum, wo sich zwei emotionale und sexuelle Geschichten kreuzen.

Als Fred Paul das nächste Mal vorwarf, dass er seiner Sexualität nicht genug Raum gab, entgegnete Paul: »Ich habe nichts gegen Sex. Im Gegenteil. Ich habe kein Problem damit, schmutzige Sachen zu machen. Aber ich will die schmutzigen Sachen eben mit meinem Freund machen!«

Wie sich herausstellte, war Nathan noch Jungfrau.

Nathans Fantasie kreiste um den Sex mit einem Mann, aber bisher waren diese Fantasien noch mit niemandem wahr geworden. In Paul glaubte Nathan den Richtigen gefunden zu haben, um diesen Schritt zu wagen.

Sie gingen ins Theater, dann auf ein weiteres Date und noch einige mehr. Sie sahen sich Filme an und aßen Pizza. Sie gingen wandern und joggen. Sie plauderten übers Reisen und all die Orte, die sie sich noch ansehen wollten. Sie redeten über Mut und Männlichkeit. Nathan fragte, Paul antwortete. Sie brachten den anderen nach Hause und schrieben sich eine SMS, bevor sie schlafen gingen und wenn sie morgens aufstanden. Sie fragten sich gegenseitig über die Cartoons im *New Yorker* aus, um herauszufinden, über welche sie am meisten lachen mussten. Nathan kochte für Paul, und Paul spielte für Nathan Gitarre. Wochenlang unterhielten sie sich, ohne Sex zu haben.

Während Nathan jede direkte Anspielung auf richtigen Geschlechtsverkehr vermied, begannen seine Handlungen irgendwann anzudeuten, dass er bereit war und sich wünschte … genommen zu werden. Unverzüglich, ohne Vorwarnung und ohne jeden Hinweis darauf.

Es brauchte ein paar Versuche, aber schließlich wurde der Kern seiner Wünsche offensichtlich. Bei verschiedenen Gelegenheiten stand Nathan vor Paul und schien zu warten. Er sagte zwar nichts, hielt aber einen Augenblick inne, der lang genug war, um anzudeuten, dass er etwas erwartete, und gerade kurz genug, um es sich nicht wirklich anmerken zu lassen. Bei einem Spaziergang am Fluss, vor einem Gemälde, vor dem Kamin, am Fenster.

»Unser Verlangen«, sagt Freud, »ist immer größer als die Fähigkeit des Objekts, es zu befriedigen.«[18] Es ist, als überließen wir die Lust einer unmöglichen Verwirklichung. Als wollten wir immer mehr, als wir haben können oder tatsächlich bewältigen können. Und doch verlangt uns danach. Und wenn wir den Gegenstand unserer Fantasien nicht bekommen, sind wir frustriert.

Eine der quälendsten, aber man kann behaupten, auch lohnendsten Herausforderungen einer intimen Beziehung ist eine erfolgreiche Deutung. Nach den Wünschen des anderen zu handeln und mit ihnen einverstanden zu sein, sodass wir uns der Möglichkeit nähern, sie vorauszuahnen, der Möglichkeit zu spüren, was sonst für niemanden offensichtlich ist. Andeutungen zu verstehen, in ihrer Gänze und darüber hinaus.

Um auf Halperin zurückzukommen, entbehrt Sex jeder Ironie, die Liebe dagegen ist nervtötend voll davon. Es besteht eine Kluft zwischen der Erfahrung der Liebe und dem, was dahinterliegt, ein Missklang zwischen ihren Noten und der Melodie, die wir hören.[19] Sex ist ein vorübergehendes Aussetzen dieser Dissonanz. Aber letztendlich lernen wir durch das angewandte Wissen übereinander, die Interpretationsfähigkeiten, die wir in den Räumen um den Sex herum, dabei und dazwischen, verfeinern, während wir versuchen, daraus schlau zu werden, wer wir allein und zusammen sind, wie man mit dem Lärm klarkommt oder ihn zumindest reduziert. Mit anderen Worten könnte man sagen, dass es ein großes Geschick im Umgang mit Ironie erfordert, um in der Lage zu sein, sie hin und wieder um des guten Sexes willen verschwinden zu lassen.

Der italienische Schriftsteller Italo Calvino schrieb, dass tatsächlich eine »tiefe Verbindung zwischen Sex und dem Lachen« bestehe.[20] Lachen, so sagt er, ist »eine Verteidigung unserer menschlichen Beklemmung gegenüber der Offenbarung von Sex. Es ist mimetischer Exorzismus, um uns zu befähigen, das absolute Chaos zu bewältigen, das eine sexuelle Beziehung verursachen kann.« Es ist eine »Anerkennung der Grenze, die kurz davor ist, überschritten zu werden, des Eintritts in einen Bereich, der anders, paradox und ›heilig‹ ist«.[21] Und rätselhaft.

Bei der nächsten Gelegenheit, als sie aus dem Fenster starrten, sagte Nathan nichts, und auch Paul schwieg. Er lächelte auch nicht. Wenn er der Protagonist im Theaterstück von Nathans Fantasien war, musste er den Anforderungen der Szene gerecht werden.

Es lag an ihm, den ersten Schritt zu machen.

Ihre Körper unerforschtes Gebiet, gingen die beiden auf eine Entdeckungsreise ohne feste Richtung. Von der Unschuld zur Erfahrung, von Fremdheit zu Vertrautheit. Sie begutachteten und kartografierten. Und erklommen.

Jetzt also. Hier. Zeig es mir. Die Vergangenheit. Los. Da. Nein. Ja. Weniger. Ich weiß nicht. Zu heftig. Verstehe. Gut. Du hast es gesagt. Ich hab's versprochen. Sag, was du willst. Zukunft. Obwohl. Licht. Ich kann nicht. Mehr. Für dich. Wie ungezogen. Trotz. Wegen mir. Luft. Raum. Runter. Fußboden. Weiter. Mehr Weite.

ABSCHIED EINES ZAUBERERS

ÜBER VATERGEFÜHLE

W ir sind doch im Reinen, oder?«
»Ja, natürlich, mein Liebster.«

»Bist du sicher?«

»Ganz sicher.«

Zum Ende seiner Tage fing Oscar an, seiner Frau Margaret von seinem Bett aus solche Fragen zu stellen.

»Soll ich dann gehen, was meinst du?«

»Ja«, antwortete sie. »Mach das.«

»Sind wir wirklich im Reinen, mein Schatz?«

»Bestimmt, mein Guter …«

Seine Augen hängten sich an ihre und suchten nach Komplizenschaft bei seinem letzten Gang: »Na dann los, vollziehen wir den Zauber.« Also sagte er eine Formel auf, setzte sich auf und rief: »Also gut, mach die Augen zu, Margaret … Eins, zwei und … drei!«

Die Arme in die Luft gestreckt, verharrte er ein paar Augenblicke in dieser Position, bis klar war, dass nichts passiert war. Der Tod hatte seine Beschwörung ignoriert, und Zauberer wie Lehrling blieben, wo sie waren. Enttäuscht seufzend ließ Oscar sich wieder auf seinen Platz unter den Laken sinken und bat Margaret mit einer freundlichen Handbewegung, ihn allein zu lassen.

Während des Zweiten Weltkriegs war der Fünfundachtzigjährige als Hauptmann bei den US-Truppen gewesen, die geholfen hatten, Sizilien von den Faschisten zu befreien. Die Einheimischen der Stadt, wo er gelandet war, hatten ihn *biunnu pagghiazzu* genannt, der blonde Clown, weil man ihn so leicht zum Lachen bringen konnte. Der militärische Triumph und das machtvolle Gefühl, Fremden geholfen zu haben, ihre Freiheit zurückzugewinnen, flößten ihm einen unverwüstlichen Optimismus und ein Gefühl der Zuversicht ein. Er freute sich darauf, zu Hause eine Familie zu gründen, und schwor sich, dass sie sich nie dem Trübsinn oder dem Elend hingeben würden. Inmitten der Reden, der Marschkapellen und der Tänze auf der Siegesparade in Connecticut fiel ihm Margaret auf, eins der Mädchen, die die Straßen mit Blumen und Flaggen geschmückt hatten. Sechs Monate später, nachdem er einen Job als Assistent in einer Anwaltskanzlei angenommen hatte und sie bei einer Wohltätigkeitsorganisation für Kinder eingestellt wurde, heirateten sie. Oscar studierte noch und wurde später ein leidenschaftlicher Professor für Recht und Politikwissenschaft. Sie hatten eine gemeinsame Tochter, Amy, die zum Mittelpunkt ihres Lebens wurde.

Wie ein Feind, der allmählich in ein fremdes Land einfiel, breiteten sich jetzt in seinem Körper heimtückisch Metastasen eines Magenkarzinoms aus. Da der Krebs inoperabel war und die Diagnose spät erfolgte, blieb Oscar nichts anderes übrig, als auf seinen Abgang zu warten und seinen letzten Tagen so viel Bedeutung wie möglich zu verleihen. Ein zäher Mann, der durch Hoffnung und Aufopferung allen den Eindruck vermittelt hatte, unsterblich zu sein, sah sich nun seinem Ende gegenüber.

Als die Ärzte seinen bevorstehenden Verfall ankündigten, verließ Amy ihr Atelier in Los Angeles und zog wieder im Haus ihrer Eltern ein, wo sie aufgewachsen war. Sie war immer der treuste Soldat ihres Vaters gewesen, und die Zeit war gekommen, ihren alten Kommandanten bei seinem schwersten Feldzug beizustehen. Amy, eine Frau Ende vierzig, war Malerin. Eine Aura der Anmut umgab sie. Groß und mit langem, rotem Haar wirkte sie immer frisch, als wäre sie gerade einem Bad entstiegen.

»Wir haben dich Amy genannt, aber wir hätten dich Venus nennen sollen, weil du aussiehst wie sie!« So brachte Oscar sie immer in Verlegenheit, wenn er ihr das Botticelli-Gemälde der Venus in einem Kunstatlas in seinem Arbeitszimmer zeigte. Oscar verehrte sein kleines Mädchen und machte kein Hehl daraus.

Sie kam zu früh auf die Welt. Oscar war zu Hause geblieben, als sie eines frühen Morgens im Frühling unerwartet geboren wurde, als Margaret allein zu einer Vorsorgeuntersuchung im Krankenhaus war. Die alte Espressomaschine, die er aus Sizilien mitgebracht hatte, dampfte gerade ihre morgendliche Portion in die Tasse, als Amys Schlummer im Mutterleib unterbrochen wurde. Minuten später schaute schon ihr Köpfchen heraus. Ein paarmal Stöhnen und einmal lange Pressen, so wurde es Oscar erzählt, und schon war sie draußen. An ihrem ersten Abend schwebten Oscars und Margarets Blicke und die ihrer Paten und anderen Verwandten über ihrer Wiege.

Nun haben sich die Perspektiven umgekehrt. Amy blickt von oben auf ihren Dad hinab. Am Ende von Oscars Leben ist es nun Amy, die sich um ihn kümmert. Als sie ihn ans Bett gefesselt vorfand, kostete es sie große Mühe, nicht vor ihm in Tränen auszubrechen. Sie kocht für ihn, öffnet und schließt in seinem Zimmer die Vorhänge, holt Blumen und legt Platten auf.

Sie hat ihm und sich selbst versprochen, ein Porträt von ihm zu malen, während sie zu Hause ist – eine Idee, mit der sie schon zuvor gespielt hatte, die anzugehen sie aber nie den Mut gehabt hatte.

An dem Tag, als Amy ankam, bat Oscar sie, die Musik aufzulegen, die sie über die Jahre hinweg verbunden hatte, Melodien aus der Nachkriegszeit.

Auf Oscars Nachttisch stand in einem schlichten, silbernen Rahmen ein Schwarz-Weiß-Foto von Amy als Kind.

Er hatte sie in dem Moment aufgenommen, als sie mit etwa vier Jahren ihren eigenen Schatten entdeckt hatte. Ihr Kopf drehte sich nur ein bisschen nach hinten, und auf Zehenspitzen schwang sie ihren Rock in die Luft, als wolle sie den Anblick eines Monsters verdecken. Doch ihr Gesicht war nicht ängstlich. Sie wirkte belustigt und ärgerlich, ihre Augen starrten wütend, als wolle sie den Schatten überwältigen. Als sie klein war, erinnerte Oscar sie jedes Mal an dieses Ereignis, wenn sie sich das Bild ansahen.

»Siehst du, wie kampflustig du warst? Denk daran, dass dich immer Schatten verfolgen werden. Lass dich von ihnen nicht in die Irre führen, sondern folge immer dem Pfad, den du für den besten für dich hältst.«

Tatsächlich lernte Amy, als sie größer wurde, dass Schatten zunehmen und uns in alle Richtungen jagen und es nicht immer so einfach ist, sie mit einem Lachen zu vertreiben. Wenn Oscar wissen wollte, wie es seiner Tochter ging, fragte er sie das nie direkt. Er sagte: »Gibt es irgendwelche Schatten, mein Kind?«

Einer dieser Schatten verfolgte sie jetzt, als ihr Dad im Sterben lag. Sie hatte Oscar immer zufriedenstellen wollen. Trotz all der Liebe, all der Zuneigung, derer sie sich immer gewiss war, war sie nicht gefeit vor Zweifeln über Oscars

Wertschätzung ihres Talents, ihrer Karriere, ihres Platzes in der Welt.

Zum Teil, weil er zwar liebevoll war, sich aber nicht gerade dadurch auszeichnete, seinen Gefühlen Ausdruck zu verleihen, und zum Teil, weil sie glaubte, dass er es gern gesehen hätte, wenn sie in seine akademischen Fußstapfen getreten wäre. Niemand nahm es ernst, aber er machte manchmal Witze darüber, dass er wünschte, Amy würde die erste Präsidentin der Vereinigten Staaten werden. Zunächst als Soldat des Staates und später als Professor war Oscar durch seine Karriere immer an Werte wirtschaftlicher und häuslicher Sicherheit gebunden gewesen. Aufopferung zog sich durch sein Leben.

Amy fürchtete, dass Oscar übersah, zu wem sie geworden war, und sich darauf konzentrierte, wen er gern in ihr sehen wollte. Sie hoffte, sie würde die Chance bekommen, diesen Schatten ein für alle Mal zu verjagen, bevor es zu spät war.

»Autsch, du tust mir weh!«, sagte Oscar, als Amy versuchte, ihm die Zehennägel zu schneiden.

»'tschuldigung, Papa, ich werde vorsichtiger sein.«

»Ja, bitte, Liebling!«

»Ich bin ja fast fertig, aber wir müssen das machen, sonst wachsen sie ein!«

Wenn sie mit seinen Nägeln fertig war, massierte sie ihm die Beine mit Creme, beugte mehrmals seine Knie und schaukelte ihn ein paarmal hin und her, um seinen Kreislauf anzukurbeln. Dann kämmte sie ihm die Haare. Zuerst war es Amy peinlich, und Oscar auch, dass sie den Körper ihres Vaters auf diese Weise berührte. So etwas hätte sich keiner von beiden je träumen lassen. Doch Amy bestand darauf, sich mit ihrer Mutter bei diesen Aufgaben abzuwechseln. Die Gesten der Fürsorge und Aufmerksamkeit wurden Oscars kleine, lebenswichtige Freuden, die er sehr schätzte.

Oscars Schlafzimmer wurde zu einer Galerie. Er verlangte, dass Gegenstände aus dem Rest des Hauses in seiner Nähe waren, und mit ihnen die Erinnerungen, die sie verkörperten. Manche halfen ihm einfach dabei, seine täglichen Gewohnheiten beizubehalten. Andere bargen einen gewissen sentimentalen Wert. Er wollte den großen Fernseher, damit er sich die Nachrichten ansehen konnte. Sein Lieblingssofakissen landete auf seinem Bett. Aus der Küche bekam er die Wanduhr mit den Initialen seines Großvaters. Auf einem kleinen Tisch stand, zusammen mit seiner Vinyl-Sammlung, das alte Familiengrammofon.

Das Fortschreiten von Oscars Krebs fiel mit dem Ausbruch der Alzheimer-Krankheit zusammen. Beides mit zerstörerischen Absichten, vervielfachten sich die Krebszellen, und Nervenzellen bauten ab.

Wie beim Krebs ist der Verlauf einer Demenz schwer vorherzusagen. Es ist ein nicht zu bändigender Zustand, eine Krankheit, die überraschende Wendungen nehmen kann. Bei Oscar ließ zuerst das Kurzzeitgedächtnis nach. Seine Erinnerung an Banalitäten war voller Lücken. Nach einer Mahlzeit vergaß er, dass er schon gegessen hatte, und bat noch einmal um dasselbe Gericht. Nach dem Zähneputzen fragte er nach seiner Zahnbürste. Alles in allem verstrickten sich Oscars Gedanken, und Erinnerungen verschwammen. Er nahm auch ein paar merkwürdige Angewohnheiten an, etwa Sätze zu wiederholen oder Dinge zu sagen, die wenig Sinn ergaben. Das Süßeste davon hatte mit Amy zu tun. Jedes Mal, wenn sie den Raum betrat, rief er ihr zu: »Ach, hast du extra den weiten Weg gemacht, mein Mädchen!«

Margaret half ihm dabei, sein Gedächtnis auf Trab zu halten. Die Forschung hat herausgefunden, dass Vertrautheit und ein Repertoire an gemeinsamen Erfahrungen es älteren Paaren leichter machen, sich gegenseitig gegen den kognitiven Verfall zu helfen. Paare erinnern sich gemeinsam besser an Einzelheiten von Ereignissen als allein oder mit jemand Fremdem.[1] Margaret spielte Spiele, machte Kreuzworträtsel mit Oscar und bat ihn, ihr beim Schreiben des Einkaufszettels zu helfen, bevor sie in den Supermarkt ging. Sowohl sie als auch Amy ließen gern Erinnerungen an vergangene gemeinsame Urlaube wieder aufleben.

Auch Gespräche über Politik und das aktuelle Geschehen hielten Oscar bei der Stange. Es schien, als hätte er sich den Großteil seiner Klarheit dafür aufgespart. Ihr Haushalt war immer mit faszinierenden Persönlichkeiten aus allen Bereichen der Gesellschaft bevölkert gewesen, und selbst während Oscars Krankheit versuchten Margaret und Amy, diese Atmosphäre aufrechtzuerhalten. Sie luden Freunde zum Abendessen oder Nachmittagstee ein, um ihn zu unterhalten, und sie hatten viele Freunde. Sie waren Menschen, auf die man sich stets verlassen konnte, wenn es um Rat und Hilfe ging. Ihre Tür stand immer offen, insbesondere in Notfällen.

Anfangs wollte Oscar nicht sterben. Kurz nach seiner Krebsdiagnose gestand er kein einziges Mal seine prekäre Situation ein und versuchte, dem Thema des Sterbens auszuweichen. Er tat so, als würde ihn die Krankheit gar nichts angehen. Er sagte, er habe kaum die Grundzüge des Lebens und der Menschlichkeit kennengelernt und ihn dürste danach, noch mehr zu erleben. Er war zu neugierig, zu erfahren, was in der Welt geschah, hauptsächlich aus politischer Sicht. Würde der Nahostkonflikt je enden? Was würde aus der Europäischen Union werden? Welcher Menschenrechtskampf musste noch ausgetragen werden?

Als Oscar jedoch begriff, dass ihn wirklich nichts mehr vor dem Tod retten konnte, ließ er Hinweise auf sein bevorstehendes Ableben in sein Bewusstsein dringen. Nach und nach schlich sich das Thema Tod ein und kam, zum Beispiel wenn er mit Margaret Zauberer spielte, auf originelle und delikate Art an die Oberfläche.

»Bin ich nicht zu jung, um zu sterben?«, fragte er.

Woraufhin Amy ihm antwortete, dass er als Kommandeur und Vater nun mal vorangehen musste: »Ebne uns den Weg, Papa. Mama und ich werden dir eines Tages folgen.«

Väter sind einzigartig. Als Autoritätsfiguren – sprichwörtlich, wenn auch nicht universell – verkörpern und vermitteln Papas Disziplin. Bisweilen legendär, unbescholten und möglicherweise enigmatisch, schaffen sie es oft, einen unwiederholbaren Rang zu halten. In einem bewegenden Essay mit dem Titel *Mein Vater/Ich* beginnt die Schriftstellerin Siri Hustvedt: »Es gibt eine Distanz zur Vaterschaft, von der die Mutterschaft nicht betroffen ist.«[2]

Die unbestreitbare Divergenz ist schon in den ersten Tagen nach der Geburt spürbar. Im ganzen Tierreich stellen fürsorgliche Väter eine Minderheit dar. Männliche Seepferdchen tragen den Nachwuchs aus, Pinguin-Papas brüten, aber nur drei bis fünf Prozent der Säugetierväter beteiligen sich aktiv an der frühelterlichen Versorgung. Seidenaffenväter ziehen ihren Nachwuchs auf.[3] Ebenso Tamarine. In den meisten Fällen, von Mäusen über Ratten zu Hunden und Gorillas, spielen die Väter bei der Aufzucht der Jungen eine eher nebensächliche Rolle. Obwohl sie keine Milch geben, haben Menschenväter sehr wohl Anteil am Prozess des Großziehens. Oft ist es jedoch so, dass die Bindung zwischen Vätern und ihren Kindern Zeit und Raum hat, um langsamer zu reifen.

Studien der Interaktion zwischen Eltern und Jungen bei Tieren haben sich bisher hauptsächlich auf die Rolle der Mutter konzentriert, nicht zuletzt, weil es schwer ist, elterliches Investment zu definieren und zu quantifizieren. Das liegt daran, weil vieles davon indirekt stattfindet – etwa die Verteidigung des Nestes und die Futterbeschaffung ebenso wie Formen des Unterrichts, der die Sozialisierung der Jungen einschließt.

Auch bei Menschen gibt es Unterschiede in der Art, wie Mütter und Väter mit Kindern interagieren. Einige davon wurden in Zeitreihen-Beobachtungen von Müttern und Vätern gezeigt, die versuchten, sich der nonverbalen Sprache ihres Säuglings anzupassen. Mütter tauschten sich typischerweise von Angesicht zu Angesicht aus, was durch gegenseitiges Anschauen und gemeinsame Gesichtsausdrücke sowie Ko-Vokalisierung gekennzeichnet ist. Väter kamen schnell zu spielerischen Höhepunkten, die aufregend und neuartig für das Kind waren.[4]

Im Gehirn wird die elterliche Fürsorge grob zwei neuronalen Hauptnetzwerken zugewiesen.[5] An den emotionalen und motivationalen Aspekten der Eltern-Kind-Interaktion sind vor allem die limbischen Bereiche beteiligt – einschließlich des Belohnungszentrums –, die evolutionär ältere Abschnitte des Gehirns darstellen. Ein eher Aufmerksamkeits-basierter Aspekt der elterlichen Fürsorge, der soziale Kognition und Empathie beinhaltet, wird Bereichen des Kortex zugeschrieben, die aktiv sind, wenn wir zum Beispiel versuchen, die Gedanken anderer zu lesen oder uns mit ihnen zu identifizieren.[6] In einem Experiment, in dem Eltern Videos vorgeführt wurden, in dem sie ihr eigenes Kind spielen sahen, unterschied sich die Reaktivität des Gehirns etwas zwischen Müttern und Vätern. Allgemein gesagt und mit einer gewissen Überschneidung reagierten Mütter mit einer deutlicheren Aktivität in den limbischen Bereichen, während bei Vätern die Aktivität in den Bereichen der sozialen Kognition im Kortex höher war. Das könnte mit der Tatsache zu tun haben, dass von einem evolutionären Standpunkt aus, unter dem Überlebensaspekt des Nachwuchses, die Rolle der Mutterschaft älter und ursprünglicher ist, und deutet auch auf die konventionell untergeordnete Rolle der Vaterschaft hin.

Interessanterweise schließen die Teile des Gehirns mit erhöhter Aktivität bei den Vätern Bereiche wie den Gyrus frontalis inferior ein, die innerhalb des Broca-Areals liegen und am Sprachverständnis und der Sprachproduktion beteiligt sind. Nach dem französischen Psychoanalytiker Jacques Lacan führt der Vater das Kind in die Sprache und somit in die symbolische Ordnung der Welt ein.[7] Mit Abweichungen beginnt dieser Übergang etwa mit dem zweiten Lebensjahr, wenn Väter beginnen, im Leben ihrer Kinder präsenter zu sein. Obwohl das weit hergeholt klingen mag und lediglich Spekulation ist, ist es ein faszinierender Gedanke, dass Lacans symbolische Ordnung in den Sprachbereichen des Gehirns verortet werden könnte und diese sich, ob kulturell bedingt oder durch spontane Gesinnung, mit Gehirnregionen decken, die bei Vätern, die mit ihren Kindern interagieren, aktiver sind.[8]

Amy war der Sohn, den Oscar nie hatte. So hatte er sie zumindest lange Zeit am liebsten betrachtet. Es war Oscar, der Amys Hausaufgaben kontrollierte und ihr sein Lob zuteilwerden ließ, oder die Empfehlung, präziser zu arbeiten. In seinem Arbeitszimmer verlor sie sich in Haufen von Büchern und Wänden voller Gemälde. Aus seinen Händen empfing sie die dicksten Wälzer aus den obersten Regalen und Vorräte an Buntstiften, Büroklammern und Füllerpatronen, die er in verschlossenen Schubladen aufbewahrte. Mit Oscar diskutierte Amy erstmals über Gott, Politik, Wahlen und Krieg. »Papa«, schrie sie verwirrt, als sie das erste Mal einen Rothko sah, und ihn rief sie zur Hilfe, als sie von einem Pferd fiel. Papas Augen waren wie das Leuchtfeuer, nach dem sie im Publikum Ausschau hielt, als ihr ihr College-Diplom überreicht wurde und als sie angezogen und fertig war, um mit ihrem ersten Freund zum Abschlussball der Highschool zu gehen. Es war Oscars Gesicht, das sie vor ihrem geistigen Auge sah, als sie ihr erstes Gemälde verkaufte.

Die beiden hatten etwas gemeinsam, ein Ritual, das sie über die Jahre zusammengeschweißt hatte. Als Amy zehn Jahre alt war, gewöhnten sie und Oscar sich an, zu Hause miteinander zu tanzen. Die improvisierte Tanzfläche wurde frühmorgens vor der Schule eröffnet. Es war ein fester Ablauf. Erst hörten sie sich die Nachrichten an und diskutierten am Frühstückstisch darüber. Als Belohnung standen sie dann auf und übten ihre Schritte. Die Musik stammte aus Oscars Jugend: Melodien aus Kriegszeiten, die ihn in die Zeit zurückversetzten, als er mit den sizilianischen Mädchen geflirtet hatte. Beim Tanzen genoss Amy es, den Geschichten aus jenen heroischen Zeiten zu lauschen.

Margaret war dabei außen vor. Es war ganz und gar eine Sache zwischen Vater und Tochter.

Ein paar Wochen nach Amys Ankunft verschlechterte sich Oscars Zustand sichtlich.

Er bekam Halluzinationen. Er sah fliegende Soldaten, die immer mehr wurden. Er rief ihnen zu, drängte sie, zu landen oder zu verschwinden. Er redete von Bomben und Entführungen, ebenso wie Raumschiffen.

Ein verbreitetes Symptom von Demenz ist das Delirium,

das das Bewusstsein verändert und es irreführt, ob die Person wach ist oder schläft. Im Delirium ist auch die Sprache gestört. Manchmal konnte Oscar sich perfekt artikulieren. Ein andermal redete er so wirres Zeug, dass es schien, als benutze er ein anderes Alphabet. Wie seine Sprache ist auch die Neurophysiologie des Deliriums schwer zu entziffern. Das Schwanken des Bewusstseins und der Wahrnehmung zwischen den Schwellen zu Wachheit und Schlaf ist gekennzeichnet von neuronalen Projektionen zwischen dem Kortex und dem Hirnstamm im hinteren Teil des Gehirns.[9] Wo sich diese Projektionen kreuzen, sitzt der Thalamus – das Wort bedeutet auf Griechisch »Schlafgemach« –, der, passenderweise, wenn man seine sehr zentrale Position in der Anatomie des Gehirns betrachtet, sensorische Informationen sowohl emotionalen als auch kognitiven Ursprungs einordnet. Der Thalamus fungiert wie ein Sieb. Wenn das Filtersystem nicht richtig funktioniert, sorgt ein Überschuss an Input für psychotische Symptome. An dieser Übermittlung von Informationen beteiligt ist eine Ansammlung von Neurotransmittern, insbesondere einer, der Acetylcholin genannt wird. Acetylcholin fördert eine konzentrierte Wahrnehmung und Aufmerksamkeit, indem es als Regulator des Filtersystems agiert. Ein Verlust der cholinergen Übertragung (d. h. Acetylcholin enthaltend) wurde mit dem Auftreten von deliriösen Symptomen in Verbindung gebracht. Auch eine Verstärkung der dopaminischen Aktivität – die die cholinerge Aktivität dämpft – führt zum Delirium.[10] Demenz, Alzheimer und andere Zustände kognitiver Beeinträchtigung zeichnen sich durch eine reduzierte Funktionalität des cholinergen Systems aus. Bei Oscar trug die Kombination aus Demenz, Morphium und anderen Beruhigungsmitteln und Krebsmedikamenten zu seinem verzerrten Denken bei.

Delirien sind unvorhersagbar, treten jedoch tendenziell nachts auf. Eines Nachts war Oscar besonders ruhelos. Es war Sommer, im Haus war es warm, und es ging ein trockener Wind. Gegen vier Uhr hörte Amy ihn rufen. Margaret schlief ungestört weiter, und Amy weckte sie nicht. Sie rannte nach unten, um bei Oscar zu sein, und erlebte so einen der intimsten Augenblicke mit ihrem Vater.

Was er sagte, war schwer zu verstehen, doch er lieferte einen fieberhaften, verwirrten Bericht, der wie die Chronik einer Militäraktion klang, voller Spannung und Schmerz. Er erteilte und empfing Befehle. Er warnte vor Gefahr. Rief um Hilfe. Es klang, als wolle er Menschen retten oder sich selbst. »*Non uccidete più*«, rief er auf Italienisch. »*Non uccidete più*« (Hört auf zu töten).

Dann wurde seine Rede von Angst gefärbt, Angst vor dem Verlassenwerden: »Lasst mich nicht hier zurück, lasst mich nicht hier zurück, lasst mich nicht hier zurück!«

Als er gewahr wurde, dass Amy bei ihm war, hoben sich zunächst seine Gesichtszüge vor Überraschung, dann entspannten sie sich voller Erleichterung. Das Gefasel vom Schlachtgetümmel verebbte, und ebenso sein Flehen. Seine Rede war konfus und stockend, doch ohne die Augen von Amy zu wenden, begann er, etwas aus der Vergangenheit zu rezitieren: »Love of the art and others … fear of death … To paint's to breathe and all the darknesses are dared …«

Als Oscar um Worte rang, hielt Amy fest seine Hand. Ihr traten die Tränen in die Augen. Das waren zusammengewürfelte Zeilen aus dem Gedicht »Rembrandt's Late Self-Portraits« der englischen Dichterin Elizabeth Jennings. Er hatte es nicht zufällig ausgewählt. Es ging zurück in die Zeit, als Amy in der sechsten Klasse war. Als Hausaufgabe hatte sie sich ein Gedicht aussuchen und vor ihrer Lehrerin und der

Klasse aufsagen sollen. Unschlüssig, welches Gedicht sie für die Aufgabe wählen sollte, erhielt Amy von Oscar den Vorschlag für genau dieses Gedicht. Weil es ihre aufkeimende Leidenschaft für das Malen ansprach, faszinierte das Gedicht Amy zutiefst. Sie lernte es im Handumdrehen auswendig, trug es voller Stolz vor, und die Klasse hörte gebannt zu.

In solchen einzigartigen Augenblicken, die sie verbanden, indem sie bedeutsame Erinnerungen teilten, erinnerte Oscar Amy und sich selbst daran, dass sein Ende nah und sein größtes Vermächtnis seine Tochter war, die, als Künstlerin, noch lange weiterleben würde.

Oscar wählte Worte, die das Handwerk und die Kunst feierten, und das Erbe, das sie zurückließen. Durch Oscars Delirium hindurch beschwor irgendetwas die Erinnerung an dieses bestimmte Gedicht herauf. In seinem Buch *Drachen, Doppelgänger und Dämonen: Über Menschen mit Halluzinationen* beschreibt Oliver Sacks die Chancen des Deliriums, Geburtshelfer für »Augenblicke tiefer emotionaler Wahrheit« zu sein.[11] Es könne für unerwartete Entdeckungen und Enthüllungen sorgen. In einer Nacht der Angst und Verwirrung erhielt Amy nichts als ein Fragment, ein kleines Stück Vergangenheit. Sie brauchte jedoch kein weiteres Wort und keine Geste mehr. So wie diese Zeilen als Kind für sie bedeutsam gewesen waren, waren sie nun ein Samen für die Zukunft. Eine Zukunft ohne ihren Vater, aber auch ohne Zweifel über sein Einverständnis mit ihrem Leben. Am nächsten Tag beeilte sie sich, ihr Porträt zu beenden.

Als Oscar an der Schwelle zum Tod stand, standen Margaret und Amy vor einem Dilemma. Er litt, und es würde ihm viel Leid ersparen, bald von ihnen zu gehen. Ärzte und Freunde hatten ihnen erzählt, dass Sterbende manchmal nicht gingen, weil die Gegenwart der Familien mit ihrem Kummer und ihren Gebeten sie daran hinderte. Also gingen Margaret und Amy, auch wenn ihnen davor bangte, in Oscars letzten Augenblicken nicht bei ihm zu sein, regelmäßig aus dem Zimmer, um ihn allein zu lassen.

Das Wissen, dass wir sterben, verändert unsere Zeitwahrnehmung. Während die Tage und Stunden kürzer werden, dehnt sich das Leben aus. Es wird reicher. Während wir von den Schatten eines nahen Endes umhüllt werden, schleicht sich eine seltene Intensität ein, die sowohl vom Sterbenden wahrgenommen wird als auch von denen, die ihn überleben. Im Angesicht des Todes nimmt das, was wir als das Leben kennen, eine Dringlichkeit an, die sonst leicht in Vergessenheit gerät. Eine Dringlichkeit, zu leben, klopft zuverlässig an die Tür der sterbenden Person und derjenigen, die zurückgelassen werden. Der Tod macht demütig und lässt bestimmte, verschüttgegangene Dinge dringender werden als andere.

Auch die Koordinaten der Intimität verschieben sich. Das Nahen des Todes setzt Distanzen neu. Oft ziehen sich Freunde und Bekannte zurück, aus Diskretion, oder Angst. Doch die engsten Personen, die bis ganz zum Ende bleiben, rücken noch viel näher. Sie suchen nach Bedeutung. Und wollen sich kümmern.[12]

Tod und Demenz standen bei Oscar weiter im Wettstreit. Indem sie in Oscars Klarheit hineinpfuschte, zeichnete die Demenz ihn und sperrte ihn ein. Der Tod wollte ihn reinigen und befreien. Selbst als der Krebs Oscar zerstörte, selbst als die Demenz allmählich sein Gedächtnis schrumpfen ließ, blieb ein Funken seiner Individualität erhalten, und auch sein Bedürfnis nach Nähe und Zuneigung. Tatsächlich ist bei Sterbenden der Wunsch nach Akzeptanz und Anerkennung, ihre Sehnsucht nach Liebe, fast kindlich. Sie erwarten bedingungslose Liebe. Doch selbst die kleineren Gesten zählen als die größten, weil auch die Bedürfnisse ihre Größe ändern.

Sterbende tendieren dazu, zu ihrem Kern zurückzukehren. Sie legen überflüssigen Zierrat ab, manchmal Attribute, die ihnen von anderen gegeben wurden.

Amy war überzeugt, dass, selbst wenn er halluzinierte, ein Teil von Oscars Identität intakt blieb, dass er auf seine eigene Art halluzinierte. Nur damit er ihr das wunderbare Geschenk des Gedichts machen konnte, das ihren gegenseitigen Respekt unterstrich und den liebevollsten Abschied überhaupt darstellte. Das lernte Amy, als sie die letzten Tage ihres Vaters mit ihm teilte. Dass es im Leben nicht darum geht, brillant, erfolgreich oder mächtig zu sein. Sondern darum, einen Funken Individualität zu besitzen. Darum, sich selbst zu erkennen, man selbst zu sein, immer.

Oscar wurde immer stiller. Er war müde und fühlte sich besiegt. Nach der Nacht mit dem Gedicht gab es weitere Delirien, doch auch mehr Schweigen. Ein Schweigen, das eine Botschaft in sich trug. Eine laute Stimme erhob sich aus seinem niedergeschlagenen Blick. Sie schien zu sagen:

Passt aufeinander auf.

Wenn ich weg bin, tut so, als wäre ich noch da.

Seid euch eins.

Verschwendet eure Zeit nicht mit Streit.

Habt das Haus immer voller Menschen.

Hört nicht auf zu lachen.

Hört nicht auf zu erschaffen.

In dem Moment, als Oscar aufhörte zu leben, waren Margaret und Amy bei ihm. Die Musik lief. Margaret hielt seine Hand. Er atmete keuchend und rasselnd, doch sein schwerer, müder Atem wurde dünner und leiser.

»Was brauchst du, Papa?«

Oscar hob den Blick zu Amy und Margaret. Amy umarmte ihn, und er murmelte nur: »Das.«

Dann fing er wieder an: »Soll ich gehen?«

»Nur zu, mein Liebster«, sagte Margaret.

Und diesmal funktionierte der Zauber.

GLEICHHEIT

ÜBER VERÄNDERUNG

Lev geht nach der Mittwochnachmittagsvorlesung nach Hause.

Es ist eine turbulente Zeit und eine Woche im Mai, in der alles sprießt und blüht und die ganze Nation eine einzige Verheißung zu sein scheint. Am Freitag findet ein Referendum statt, durch das, wenn es durchkommt, die gleichgeschlechtliche Ehe in Irland legal wird, und das erstmals auf der Welt durch einen Volksentscheid. Studenten rufen ihre Omas an, um sicherzugehen, dass die mit Ja stimmen. Hetero-Fußballspieler hoffen bei der Hochzeit ihrer schwulen Teamkollegen, Trauzeugen zu werden. Eltern verteidigen ihre bedingungslose Liebe für ihre hetero- und homosexuellen Kinder. Die Älteren wollen, dass alle zukünftigen Generationen dieselben Rechte haben wie sie damals. Kinder wünschten, sie könnten wählen, um zu helfen. Stimmenwerber ziehen mit ihrer Botschaft der Solidarität von Tür zu Tür. Auf der Straße halten Aktivisten Poster hoch und verteilen Anstecker. Tá – Yes.

Levs kurzer Fußweg wird von kleinen Schwätzchen und einem schnellen Getränk mit Freunden unterbrochen. Er kennt so viele Leute, dass es immer irgendwen zu grüßen, irgendwas zu besprechen gibt. Allesamt sind sie von einer Welle des Mutes und der Veränderung gepackt. Auch wenn der Ausgang der Wahl noch ungewiss ist, ihre Einigkeit und ihr Glaube geben Lev das Gefühl, dass er einer ganzen Nation trauen kann und er nicht allein sein wird. Er fühlt sich stark und überlegt, was für ein Idiot er jedes Mal gewesen war, wenn er in seinem Leben die Hoffnung aufgegeben hatte.

In Momenten wie diesem wünschte er, Fionn könnte ihn sehen.

Zu Hause zieht Lev sich die Schuhe aus, ohne die Schnürsenkel zu öffnen, und läuft barfuß nach draußen, um die Wäsche von der Leine zu holen, bevor sich die rosaroten Wolken in Regen verwandeln. Hinter ihm bellt Plato. Auf dem Weg in die Küche wirft er einen letzten Blick auf einen Stapel Bücher, von denen er sich endlich schweren Herzens trennen will. Er würfelt die Zwiebeln, zerlässt die Butter und öffnet eine Flasche Weißwein. Während er das Risotto in der Brühe quellen lässt, schaltet er das Radio ein und lässt sich in den gestreiften Samtsessel fallen, von dem er auf die City Bay blicken kann. Plato rollt sich zu seinen Füßen zusammen. Lev nippt am Wein und wartet auf die Nachrichten.

Er traut seinen Ohren nicht, aber es besteht kein Zweifel. Aus dem Lautsprecher dringt eine Stimme aus der Vergangenheit zu ihm, die sich nun über der ganzen Stadt ausbreitet, bis in seine Knochen.

Sofort tauchen Bilder aus einer anderen Zeit und von einem anderen Ort vor ihm auf, und er schließt die Augen.

Genau diese Stimme hatte ihm einst eine Botschaft überbracht, die unerbittlich klang und für Lev doch die größte Motivation wurde.

Zitternd hatte jene Stimme vor drei Jahren gesagt: »Manche Dinge ändern sich vielleicht nie.«

Das erste Date war ein Konzert. Ein Künstler, der dafür bekannt war, live besser zu sein als im Studio. Fionn machte den Vorschlag bei der Zusammenkunft, die das Ende des Wintersemesters markierte.

»Ich glaube, Sie werden von der Musik begeistert sein«, sagte er, wobei er darauf achtete, dass alle um ihn herum mitbekamen, dass er so kühn war, seinen früheren Dozenten um ein Date zu bitten, jetzt wo das Studium vorbei war.

Ohne mit der Wimper zu zucken, sagte Lev Ja.

In der Dunkelheit der Konzerthalle konzentrierte Lev sich mehr darauf, Fionns Gegenwart zu spüren, als auf die Musik und hoffte, dass der es nicht merkte. Sein Atem, jede kleine Bewegung. Was würde es bedeuten, wenn Fionn sein Bein ausstreckte, mit den Fingern klopfte, wenn er die Augen schloss und für wie lange, wenn er schluckte oder seufzte, und würde sein Bein das von Lev berühren? Das tat es. Forschend. Dann legte Lev den Arm um Fionn. Keiner von beiden beteiligte sich am Schlussapplaus. Wenn ein Körper eine Kraft auf einen anderen ausübt, dann übt der andere eine Kraft derselben Größe auf ihn aus, sagt Newton. Aktion und Reaktion, in entgegengesetzte Richtungen, und nichts dazwischen. Später in einer Kneipe flog die Zeit nur so vorbei. Keiner von beiden merkte, dass es schon vier Uhr morgens war, als die Kellnerin die Rechnung brachte und ihnen sagte, sie könnten noch ein letztes Getränk aufs Haus bekommen, weil sie zusammen »richtig aussähen«. Bevor sie gingen, suchten sie noch das Örtchen auf. Lev betrat die Toilette und verkündete lauthals, dass er nicht pissen könne, wenn andere dabei waren, aber er pinkelte problemlos, als Fionn neben ihm am Urinal stand.

Draußen auf der Straße war die Luft wie ein Rasiermesser. Keiner wusste, wie er seinen Wunsch ausdrücken sollte, sich noch nicht zu trennen, aber sie wussten auch nicht, wie sie zusammenbleiben sollten. Lev dachte darüber nach, »Danke für den schönen Abend« zu sagen, hielt den Satz aber zurück, weil er ihn für zu offensichtlich, zu höflich hielt. Fionn wurde bloß rot. Er erwartete, dass irgendwas von Lev kam, der aber nichts machte und sofort von Reue gepackt wurde.

Am folgenden Nachmittag rief Lev Fionn an und lud ihn zu einem Spaziergang ein.

Als Lev Fionns Wohnung erreichte, um ihn abzuholen, lief die Musik von dem Konzert. Er hatte kaum geklopft, da ging auch schon die Tür auf. Eine Lesebrille ließ Fionns Augen riesig aussehen, dachte Lev. Fionn fiel auf, dass Lev sein Hemd gebügelt hatte. Der Schreibtisch war vollgepackt mit geöffneten Büchern, die Rücken nach oben. Auf dem Bett war Kleidung ausgebreitet, auf dem Fensterbrett standen Pflanzen und Blumen. Aus dem Badezimmer drang ein frischer Duft nach Schaum. Sie ließen die Musik laufen.

Auf der Treppe, auf dem Gehsteig und dem unbefestigten Weg überdeckte Fionn Momente des Schweigens, indem er eine Melodie summte. Der Park war nicht überfüllt, die Sonne kurz davor, zwischen den Baumwipfeln unterzugehen. Am See liefen sie nur eine halbe Runde, Lev im Mantel, Fionn im T-Shirt.

»Setz dich mal da hin, ich würde gern ein Foto von dir machen.«

Was für ein Wunsch oder welche Frage auch immer dahinterstand, es war eine ziemlich gewagte Einladung von Lev, der wenig bis gar kein Talent als Fotograf besaß. Am Ufer stand eine Bank, und Lev wies Fionn an, sich daraufzusetzen, und stellte sich vor, dass die Spiegelung des Wassers perfekt für das Licht wäre. Fionn lächelte, rieb sich die Augen und fuhr sich ein paarmal mit den Fingern durchs Haar. Erst sah

Fionn von der Kamera weg. Lev sah mehrmals in den Sucher und dann wieder zu Fionn, machte Scherze, um ihn lockerer zu machen, trotz der Unsicherheit seiner eigenen Finger.

Fionns Gesicht war vereinnahmend. Ein Strudel inmitten der Stille der Landschaft.

»Hat schon mal jemand ein Sternbild in diesen Sommersprossen entdeckt?«, fragte Lev.

Ein Gesicht ist ein Code, eine Kurzschrift, die es zu entziffern gilt. In seiner ganzen Bündigkeit enthält es beträchtliche Informationen über jemanden. Die menschliche Fähigkeit, ein Gesicht wahrzunehmen, ist besonders ausgefeilt und mit Prozessen emotionaler und kognitiver Auswertung verbunden.[1] Wenn ein Gesicht genau in unsere Richtung sieht, ist es umso attraktiver, und umso stärker ist auch eine Reaktion der Befriedigung bei uns, mit einer zugrundeliegenden Beteiligung von Gehirnregionen, die Belohnung und einen damit einhergehenden Rausch des Neurotransmitters Dopamin verarbeiten.[2] Wenn wir in ein Gesicht schauen, entwickeln wir unwillkürlich Ahnungen über Wesenszüge und Einstellungen. Einer der Charakterzüge, die wir am unmittelbarsten einschätzen, ist, ob jemand vertrauenswürdig ist oder nicht.[3] Sollten wir der Ahnung vertrauen oder nicht? Der Vorgang läuft unterschwellig ab. Mithilfe von Erfahrung und Vorhersagen bilden wir diese Einschätzungen unbewusst innerhalb von Millisekunden. Wir sind so darauf trainiert, dass das sogar passiert, wenn wir einem Gesicht eine so kurze Zeit ausgesetzt sind, dass uns nicht mal bewusst wird, dass wir es gesehen haben.[4]

Als er auf der Bank posierte, verspürte Fionn den Drang, seinerseits Fotos von Lev zu machen. Es war für sie beide fremd, den Blick des anderen so lang zu halten, sich einer so offenen, gegenseitigen Begutachtung zu unterwerfen.

»Wie schaffst du es, so ganz zu sein?«, fragte Fionn Lev aus heiterem Himmel.

»Was hat bei dir diesen Eindruck geweckt?«

In seinem Buch über die Fotografie mit dem Titel *Die helle Kammer* hat der französische Intellektuelle Roland Barthes etwas über Porträts zu sagen. »Das photograpische Portrait ist ein geschlossenes Kräftefeld. Vier imaginäre Größen überschneiden sich hier, stoßen aufeinander, verformen sich.«[5] Wenn wir uns vor einer Linse befinden, sind wir gleichzeitig: die Person, für die wir uns halten, die Person, für die der Fotograf uns hält, sowie die Person, die der Fotograf oder die Fotografin für seine oder ihre künstlerischen Ambitionen benutzt.

Wenn sich zwei Menschen begegnen und verlieben, haben sie oft einen falschen Eindruck voneinander. Es ist möglich, dass uns eine Verwechslung passiert und wir in den anderen etwas hineinprojizieren, das wir selbst nicht besitzen, um zu kompensieren, was wir selbst nicht sind.

Vom ersten Tag ihrer Begegnung an bedeutete Fionn für Lev Leichtigkeit. Lev symbolisierte für Fionn Stärke. Auf die eine oder andere Art dachten sie beide, sie wären Musterbeispiele der Entschlossenheit, so nah, wie es nur ging, an einer Vision dessen, was es bedeutete, ein anständiger Mann zu sein. Doch in den Qualen der Liebe pfuschen Euphorie und vom Wunschdenken geschürte Erwartungen in unsere Urteilskraft hinein. Im Gehirn wird das an Deaktivierungen in Regionen sichtbar, die negative Gefühle, Urteilsvermögen sowie die Selbstwahrnehmung in Bezug auf andere steuern.[6]

Lev war überzeugt, dass er ein schönes Wesen erkannte, wenn er eins sah. Fionns größter Wunsch war, eines zu finden. Wenn uns unerwartet wahre Schönheit über den Weg läuft, ist die Begegnung ebenso erhöhend wie verwirrend. Es ist auch wahr, dass Vertrautheit es einfacher macht, ein Objekt wertzuschätzen. Deshalb reicht es nie, etwas aus sicherer Distanz zu betrachten. Schönheit will berührt und erkundet werden. Sie will aufgewühlt, verstört, demaskiert werden. Sie will widerhallen.

In dem Moment, als Fionn den Kopf drehte, um auf das Wasser zu blicken, packte Lev ihn und verdeckte das Panorama mit seinem ganzen Körper. Zusammen wurden sie in einer Intimität festgehalten, die sich später als unentrinnbar herausstellte.

Nach ein paar Jahren, in denen er für eine israelische Zeitung gearbeitet hatte, zog Lev nach New York, um in Teilzeit Kreatives Schreiben an einer Kunsthochschule zu unterrichten, damit er in seine Rente einzahlte, während er die Arbeit an seinem ersten Roman fortsetzte, an dem er sich schon die letzten zwei Jahre abgemüht hatte. Er war das jüngste Kind nach vier Schwestern. Seine Großeltern waren aus Venedig nach Israel gekommen, obwohl Dutzende Generationen der Familie zuvor auf Sizilien gelebt hatten. Fionn kam aus Bantry in West Cork und wuchs zusammen mit seinem jüngeren Bruder Tom auf einer Farm am Rand einer Halbinsel auf, wo er mit Pferden redete. Lev und Fionn, die am selben Tag geboren waren, nur acht Jahre auseinander, fanden später heraus, dass sie auch am selben Tag in New York angekommen waren. Fionn träumte davon, im Journalismus und Rundfunk zu arbeiten. Er liebte das Radio. Als Student war Fionn, seit er Irland verlassen hatte, zwischen den Möglichkeiten einer Zukunft im Ausland und einer Rückkehr nach Hause hin- und hergerissen gewesen. Zu jedem, der ihn fragte, wie es ihm gefalle, in New York zu leben, sagte er: »Ich bin nur für kurze Zeit hier, ich gehe bald zurück.« Lev hasste die akademische Welt, doch er unterrichtete leidenschaftlich gern.

Im Seminarraum war sein Enthusiasmus ansteckend und ließ die Studenten sich wie die Protagonisten einer Revolution fühlen. Fionn, der auf einer anderen Schule war und Levs Kurs zusätzlich belegt hatte, fand ständig Vorwände, in der Klasse neben ihm zu stehen oder zu sitzen, wobei er sich bemühte, es nicht zu offensichtlich wirken zu lassen. Er respektierte Lev und fühlte sich von seiner Vision und seiner Anständigkeit angezogen. Fionn wollte allen Freunden von Lev vorgestellt werden – die sämtlich älter waren, selbst als Lev – und alles erfahren, was Lev wusste und erlebt hatte.

Nach dem Nachmittag am Wasser wurden die beiden unzertrennlich.

Leichtigkeit. Das Wort Leichtigkeit und ein damit verbundenes Gefühl von Frieden kam Lev immer wieder in den Sinn, wenn er an Fionn dachte. Lev war nicht wiederzuerkennen, wenn er verliebt war. Wenn seine Vorlieben befriedigt wurden, wurde er zu einer Zugkraft und sprudelte über vor Furchtlosigkeit. Sein Anschein der Ausgeglichenheit verschwand und legte einen hemmungslosen Kern offen. Er tat wagemutige Sachen, etwa für Fionn unter seinem Fenster singen und Passanten überreden, Fionn zu sagen, wie gut er aussah. In Fionn fand Lev den Bruder, den er nie hatte. »Der Junge ist grundgut«, sagte er zu seinen besten Freunden. »Alles an ihm ist so instinktiv, so ungekünstelt.«

Lev nahm Fionn mit in die galiläischen Berge, brachte ihn dazu, bei einem Passahmahl eine Kippa zu tragen, und fuhr mit ihm auf die *Giudecca* in Sizilien, wo seine Familie herkam. Er zeigte ihm die Stelle an der libanesischen Grenze, wo er mit einem Gewehr in der Hand gestanden und die Tage bis zum Ende seines Militärdienstes gezählt hatte, und ging mit ihm über die Plätze, wo er sich gegen die Besetzung von Palästina versammelt hatte und marschiert war. Fionn fuhr mit

Lev nach West Cork, stellte ihn seiner Familie und seinem besten Freund Shane vor und ließ ihn stolz auf seinem Pferd Tristan reiten. Lev, der zum ersten Mal auf einem Pferd saß, zitterte, und es war ihm peinlich, sich anmerken zu lassen, dass er sich da oben überhaupt nicht wohlfühlte.

»Ach, du machst das großartig, man muss dafür keine Prüfung abgelegt haben«, sagte Fionn, der Levs Unbeholfenheit eher niedlich fand. »Tu so, als wärst du ich da oben, das wird Tristan spüren.«

Gemeinsam benutzten sie die Schönheit als Ausrede für spontane Reisen. So fuhren sie meilenweit, um zur malerischsten Küste zu gelangen und sich einen Sonnenuntergang anzusehen. Fionn überredete Lev, sich die Schienbeine zu zerkratzen, als sie durch dorniges Gestrüpp drangen, um die beste Stelle zu finden, um ins Wasser zu springen, und keine Angst davor zu haben, eine kleine Klippe zu erklimmen. Mit dem Rad fuhren sie die engsten Straßen entlang, um jede Schattierung der Farbe Grün zu entdecken, oder rannten über den Landungssteg, um einen Delfin zu verfolgen. Gemeinsam unternahmen sie in ihrer Fantasie abenteuerliche Flüge, redeten über ihre Arbeit oder reagierten mit Faszination auf alles, was ihren Weg kreuzte. So konnte sie der Anblick eines alten Schiffswracks in der Ecke einer Bucht bis zurück zur Ankunft der Wikinger bringen. Ein vager Gleichklang zwischen Wörtern im Irischen und Hebräischen ließ sie die alte Spekulation wiederbeleben, dass die Iren einer der verlorenen Stämme Israels und sie daher seit Langem verbunden seien. Während sie am Rand eines Felsens hockten, konnten sie sich den perfekten Plot für eine Kurzgeschichte ausdenken. Lev hatte Ideen für Szenen und Fionn für Dialoge, er stellte sich vor, wie die Geschichte Radiohörer hypnotisieren würde. So genossen sie es, gemeinsam zu staunen. Keiner von beiden hatte so etwas je zuvor mit jemand anderem erlebt. Auf solchen Ausflügen stiegen sie Händchen haltend in die Lüfte auf, nur dass Lev gelegentlich Höhenangst bekam und darum bettelte, wieder zu landen und ihre Fantasie zu parken.

In ihrer letzten Sommernacht in West Cork betrachteten sie das Ende des Tages am Sheep's Head, der äußersten Spitze der Halbinsel.

»Müssen wir morgen wirklich dahin zurück?«, fragte Fionn und deutete auf die andere Seite des Atlantiks.

»Nicht, wenn wir nicht wollen … aber was ist mit deinem Abschluss?«

»Weißt du, was?«, sagte Fionn, »eines Tages ziehen wir beide hierher. Wir machen das wahr … Ich weiß, ich würde schnellstens nach Hause zurückkehren, wenn du mir folgen würdest. Ich vermisse die Heimat.«

Sie wurden sich nie einig, ob das Hebräische oder das Irische die schönsten Klänge besaß, um Gute Nacht zu sagen: *layla tov* oder *oíche mhaith* (i-he wha).

Eines Nachts, nachdem sie sich geliebt hatten und Fionn bereits schlief, brach Lev unvermittelt in Schluchzen aus. Er wusste noch nicht, wo diese Tränen herkamen.

Ihr erster gemeinsamer Geburtstag rückte näher.

»Gibt es eigentlich einen Namen für uns?«

»Wie meinst du das?«

»Für Leute, die am selben Tag Geburtstag haben?«

»Keine Ahnung«, sagte Fionn. »Warum erfinden wir nicht einfach einen?«

Fionn schenkte Lev eine seltene Erstausgabe, die er vor Monaten in einem Antiquariat entdeckt hatte, und hinterließ ihm außerdem eine Liebesbotschaft auf dem Computer.

Fionn suchte immer das perfekte Geschenk aus, völlig mühelos. Als er klein war, gab es kein Geschenk, das ihn nicht vor Freude Luftsprünge machen ließ, wie etwa das kleine Radio, das sein Dad aus Teilen aus einem Elektroladen zusammengebaut hatte. Seine Eltern konnten sich die teuren Spielsachen, von denen er in der Schule hörte, nicht immer leisten, doch er beschwerte sich nie über die Geschenke, die er bekam. Lev besorgte für Fionn ein Buch, Musik und einen Hut, weil er sich nicht entscheiden konnte.

Fionns Eltern, Patrick und Nancy, stellten eine beeindruckende Kraft dar. Für die Liebe ihres Ehemannes musste Nancy, die Amerikanerin war, ihre Familie aufgeben, die sie dafür verstießen, dass sie sich für einen Mann entschieden hatte, mit dem sie nicht einverstanden waren. Als Fremde in einem neuen Land wurde sie zu einer Quelle der Kraft für all die neuen, engen Freunde, die sie in Irland gewann, und ihre Liebe zu ihrem Ehemann und zwei Söhnen verwurzelte sie tief. Dadurch prägte sich bei Fionn die Vorstellung ein, dass in Abwesenheit aller anderen Sicherheiten die Liebe, so unsicher sie auch sein mag, immer noch die sicherste Option ist.

Lev war immer wie ein Elternteil für seine eigenen Eltern gewesen. Er musste ihnen ständig versichern, dass er sie nicht vernachlässigte und in seine berufliche Zukunft investierte, die für sie mehr zählte als die private. Wenn Lev als Kind zum Geburtstag Freunde zu sich nach Hause einlud, putzten seine Eltern gründlich das Haus, kauften Kuchen und bereiteten ihnen ein Abendessen zu, hatten aber kein Interesse daran, sich ihre Namen zu merken. Sie zeigten sogar bisweilen Eifersucht gegenüber den Freunden ihres Sohnes und baten Lev manchmal, seine Verabredungen zum Spielen ausfallen zu lassen, um bei ihnen zu bleiben, weil sie einen Verwandten oder eine Familienfeier besuchen wollten. Mit den

Jahren hatte Lev lernen müssen, den Forderungen seiner Eltern nicht nachzugeben, doch selbst als Erwachsener haderte er noch damit. Lev war alt, als er jung war. Mit dem Älterwerden strebte er danach, jünger zu sein. Dieses Bestreben ließ ihn in seinem Verhalten ein bisschen unbeholfen wirken.

Lev war großzügig, und, ja, er liebte, jedoch auf eine Art, die man irgendwie als egoistisch bezeichnen konnte, als zähle der Akt des Liebens mehr als die Person, an die dieses Gefühl sich richtete, als folgten Gesten eher einem formellen Protokoll als einer freien Neigung. Hinter seiner Gesprächigkeit lauerten Fragen. Ist dieses Gefühl richtig? Verhalte ich mich korrekt? Was würden andere darüber denken? Das war wahrscheinlich der Grund, warum Lev selbst bei Fionn immer nach einer Bestätigung für Gefühle suchte, für seine eigenen und die Fionns. Er wollte eine Bedeutung aus ihren Handlungen ableiten, sie in eine Struktur pressen. Er suchte nach Regeln. Und das war ihm peinlich. Fionn sagte immer: »Entspann dich! Können wir das Leben nicht einfach so nehmen, wie es kommt?«

Also gab Lev sich dem Moment hin. Er brach aus seinen Schranken aus. Doch dann verlangte ganz schnell etwas in ihm, eine Art Zaghaftigkeit, dass er sich zurückziehen solle, bevor er sich vollkommen gehen ließ, als wäre ihm das nicht erlaubt oder als müsste er sich, in Erwartung von Versagen oder Schmerz, genau davor schützen. Diese Tendenz manifestierte sich in verschiedenen Aspekten seines Lebens und hielt Lev mitunter davon ab, simple Freuden einfach zu genießen. Es kam vor, dass selbst bei ihren spontansten Unternehmungen gelegentlich ein *Aber* an die Oberfläche kam, eine negative Reaktion, die unweigerlich den anfänglichen Enthusiasmus zerstörte. Ein Abbruch des Impulses, der die Menschen um ihn herum überrascht von der plötzlichen

Wendung zurückließ, die glaubten, dass Lev aus einer Verpflichtung heraus handelte. Langsam begann Fionn, das zu bemerken, was Lev Angst einjagte.

Vieles, wofür beurteilt zu werden wir in einer Beziehung Angst haben mögen, ist willkürlich. Körpergröße, ein mieser Job, Musikgeschmack, schlechter Atem, Schnarchen, Hypochondrie, chronische Unordentlichkeit, Unkenntnis der modernen Kunst. Aber noch beängstigendere Enthüllungen sind typischerweise mit inneren Wunden verbunden. Dies sind schmerzvolle Kapitel in unserer emotionalen Biografie, bedauerliche Aktionen oder Missgeschicke in Beziehungen, von denen wir glauben, dass sie Partner abschrecken, wenn sie ans Licht kommen. Schwierige Eltern, eine komplizierte Kindheit. Womöglich die Tatsache, dass wir noch nie einen Partner halten konnten (oder zu viele hatten), dass wir mehrere Scheidungen hinter uns haben, dass wir jemandem wehgetan haben oder uns von jemandem haben wehtun lassen oder, in einigen ganz unglücklichen Fällen, Opfer von Missbrauch oder Gewalt wurden. Für all das können wir uns sogar schämen. Scham ist ein toxisches Gefühl. Sie lauert lautlos im Inneren. Je weniger sie mitgeteilt oder preisgegeben wird, desto größer wird sie. Sie ist ein Gift mit langer Halbwertzeit.

Zu der Zeit, als Lev Fionn begegnete, war er nicht ganz zufrieden mit sich.

Zunächst war da die Frage des Erfolgs. Hin- und hergerissen zwischen einer akademischen Karriere und einer als Schriftsteller, haderte er mit seinen Ambitionen. Der jüngere und unerfahrenere Fionn hatte klarere Vorstellungen von seiner Zukunft. Bezeichnenderweise ärgerte Fionn sich auch nicht, wenn seine Zukunftsaussichten bisweilen wolkenverhangen waren. »Ich krieg das schon hin«, sagte er dann.

Und noch etwas verunsicherte Lev. Die Männer, zu denen Lev sich normalerweise hingezogen fühlte, hatten eins mit Fionn gemeinsam: Auf Lev wirkten sie alle sorglos, selbstsicher, mit sich im Reinen. *Leicht.* Denn Lev war unsicher, weil er sich im Vergleich dazu *schwer* vorkam. Wie Fionn fühlten sie sich zunächst von Levs Weltlichkeit angezogen, seiner vereinnahmenden Intelligenz, seiner Weisheit und Reife. Doch dann zeigte Lev seine Kanten. Und er tat noch etwas. Unfehlbar vermittelte er seinen Liebhabern das Gefühl, die alleinige Quelle seiner Freude zu sein, die Wiedergutmachung seiner Mängel, oder dass sie ihm erst ihre Zustimmung geben mussten, bevor sie seine erhielten. Unfehlbar blieben sie nicht bei ihm. Im Gehen hatte ihm einer von ihnen mal gesagt: »Überleg dir erst mal, ob du führen oder geführt werden willst!«

Bei Fionn machte er denselben Fehler. Er hielt den Jungen für das Gegenmittel gegen die Schwere, die er an sich selbst wahrnahm. Der einzige Unterschied war, dass Lev spürte, dass Fionn kostbar war und sich von allen anderen unterschied und dass Fionn nicht fliehen zu wollen schien. Lev hatte Ehrfurcht vor Fionn und dem starken Band, das zwischen ihnen wuchs. Statt ihn zu ermutigen, ängstigte dieser Gedanke ihn insgeheim. Lev wollte es diesmal richtig machen. So mit seinen eigenen Mutmaßungen beschäftigt, wie er es war, entging ihm, was Fionn ihm wirklich zu geben hatte. Fionn war ein Geschenk gewesen, das Lev in all seiner Ausdehnung verwirrte.

Fionn war zu Besuch aus New York da. Lev hatte etwa vier Monate lang allein in einem Cottage gelebt. Nachdem sie fast ein Jahr zusammen gewesen waren, hatte Lev seinen Job gekündigt und ein Schreibstipendium im ländlichen Irland angenommen. Fionn war überglücklich und freute sich für Lev und erzählte die Neuigkeiten jedem, den er kannte, allen voran seinen Eltern. Er musste noch seinen Abschluss in New York zu Ende machen, daher bedeutete Levs Umzug für ihn auch, dass es einer von ihnen *nach Hause* geschafft hatte. Lev hatte den Entschluss Hals über Kopf gefasst, ohne wirklich zu wissen, warum er überhaupt ging, aber eher für Fionn als für sich selbst.

»Kannst du nicht in ein paar Wochen kommen?«, hatte Lev gefragt. »Das wäre besser, dann habe ich mehr Zeit.«

»Nein, ich kann nur jetzt die Kurse versäumen.«

Also stieg Fionn ins Flugzeug.

Als sie in einer Nacht vor einer Bergexkursion mit Tristan kurz vor dem Einschlafen waren, flüsterte Fionn. »Bitte bleib hier, und ich komme in einem Jahr oder so nach, wenn ich diesen scheiß Abschluss habe ... Du und Tristan, ihr könnt inzwischen die besten Freunde werden.«

»Weißt du, im Sizilianischen gibt es keine Zukunftsform ... Ich verspreche besser nichts.«

Morgens erwachte Lev aus einem schlimmen Traum, in dem er Fionn lächelnd auf sich zukommen sah, er jedoch sein Lächeln nicht erwidern konnte. Lev zwang sich zu strahlen, brachte es aber einfach nicht fertig. Seine Lippen bogen sich nicht, und Fionn verschwand unter Tränen.

Lev hatte in seiner neuen Umgebung kein großartiges Sozialleben. Seine einzigen Unternehmungen waren ein paar Bier mit seinen Nachbarn, Spaziergänge zum Meer oder in den Supermarkt und Besuche bei Fionns Eltern, die ganz vernarrt in ihn wurden. Er bemühte sich, mit seiner Arbeit voranzukommen, und viele Male war er kurz davor, alles hinzuschmeißen. Fionn war nun da, doch Lev konnte seine Gegenwart einfach nicht spüren, so sehr war er von seinem eigenen Kram vereinnahmt.

»Wir brauchen doch keine Karte!«, sagte Fionn spöttisch.

»Ich will aber eine mitnehmen!«, blaffte Lev zurück.

Von Beginn ihres Aufstiegs an jammerte Lev herum. Es war zu kalt und zu windig. Der Weg war matschig, die Wanderung würde zu lang dauern. Machte es Tristan nichts aus, sie beide auf dem Rücken zu tragen? Was gab es auf dem Gipfel überhaupt zu sehen? Und warum blieben sie eigentlich nicht lieber zu Hause? Sie hätten etwas kochen und er hätte weiterarbeiten können. Als sie anhielten, um Pause zu machen, setzte Lev sich mit einem Buch hin, anstatt Fionns Gesellschaft zu genießen, sah immer wieder auf seine Uhr und sein Telefon, kämpfte mit der Falzung der Karte. Es gab keine Klippe und keinen Ausblick, mit denen Fionn ihn begeistern konnte, keine Nebensächlichkeit, die sie, wie sonst, beide in Staunen versetzen konnte. Ganz im Gegenteil, Lev fand Wege, eine Distanz zu schaffen, eine Hierarchie aufzubauen, um Fionn zu testen und herauszufordern – etwas, was er noch nicht mal getan hatte, als sie zusammen in einem Seminarraum waren. Was wusste Fionn denn nun wirklich über die Geschichte des Ortes? Wie sah er seine Zukunft? War eine Karriere beim Radio möglich? Und wann würde er seinen Abschluss machen? Ohne Grund ließ er Fionn sich unzulänglich fühlen. Fionn begann, ungeduldig zu werden, ließ sich aber auf keinen Streit ein.

Fionn hatte Lev vorne sitzen lassen. Kurz vor dem Gipfel lag ein besonders steiler Abschnitt vor ihnen.

»Nein, das geht nicht. Lass uns einen anderen Weg nehmen.«

»Natürlich geht das. Ich hab das schon oft gemacht. Na los, das ist der richtige Weg.«

»Das ist zu gefährlich. Wir sollten es lassen.«

»Komm schon, Tristan ist stark.«

»Nein.«

»Vertrau mir. Ich bin hinter dir. Was soll denn schon passieren?«

Lev stieg ab.

»Eigentlich müssen wir uns auf den Rückweg machen. Die Leute vom Stipendium erwarten uns zum Abendessen. Wir dürfen sie nicht versetzen.«

»Das hast du mir gar nicht erzählt.«

»Ich erzähle es dir jetzt.«

»Bei allem Respekt, wen interessiert so ein bescheuertes Essen …?«

»Mich.«

»Hör mal, ich bin extra hierhergekommen. Was ist dein verdammtes Problem, Lev?«

»Ich bin deinetwegen hierhergezogen.«

»Dann sei gefälligst auch wirklich mit mir hier … Ich habe dich vermisst, aber anscheinend ist alles, was ich sage oder tue, falsch.«

»Was willst du denn von mir, Fionn?«

»Nichts, ich verstehe nur nicht, warum du nicht glücklich bist, Lev …«

Lev zerriss die Karte und warf sie auf den Boden.

»Was ist dir wichtig, Lev? Wirst du das je selbst wissen?«

Lev befand sich in einer Lage, die ihn zu Tode ängstigte: Er konnte nicht vor sich selbst fliehen. Er fürchtete, dass sein Leben einen Kurs eingeschlagen hatte, der ihm nicht gefiel und den er unmöglich ändern konnte.

Ein krampfhaftes Festhalten an unseren Neigungen kann zu einer bequemen Gewohnheit werden. Doch irgendwann wird der Griff so fest, dass wir das Gefühl haben, in der Falle zu sitzen. Lev fühlte sich, als wäre er buchstäblich mühsam einen Hang hinaufgeklettert und hätte einen Gipfel erreicht, der keinen Grund hatte. Er hatte sich selbst nicht gefunden.

Levs Ängstlichkeit, seine Niedergeschlagenheit und sein Ärger hatten ihren Ursprung in einer hartnäckigen, selbstempfundenen Unehrlichkeit. Lev hatte Fionn immer am nächsten gespürt, wenn Fionn sich von ihm beschützt fühlte und er Fionn Gelegenheit gab, ihn zu bewundern, zu ihm aufzublicken. Orientierungslos, leer und nicht in der Lage, Fionn mit irgendeiner Sicherheit, geschweige denn Bestimmtheit von Gefühlen zu begeistern, von denen er glaubte, dass Fionn sie brauchte, fühlte Lev sich hilflos. Und doch wusste er nicht, was er tun sollte.

Natürlich spürte Fionn Levs mangelnde Stärke, doch er erwartete nicht viel, vielleicht nur, dass Lev ihm vertrauen konnte, und er verstand nicht, warum seine Liebe zu Lev stattdessen einfach nicht rüberkam. Ein irritierendes Durcheinander von Erwartungen und ein absurder, wechselseitiger Frust. Vorher hatten sie sich auf eine unbestreitbare Zusammengehörigkeit verlassen, doch offensichtlich musste etwas weichen, etwas Tiefgreifenderes musste geklärt werden.

Irgendwann in ihrem Verlauf sehen sich Beziehungen unweigerlich einem Spiegel gegenüber. Wenn das geschieht, können wir entweder direkt hineinschauen oder das Weite suchen. Jede Entscheidung hat ihre Konsequenzen. Wenn wir uns inakzeptabel finden, wenn Zurückweisung droht, ob konkret oder eingebildet, kann es sein, dass wir präventiv zuschlagen. Lev konnte nicht glauben, was er da vorhatte und warum. Er musste schlucken, bevor er den Mund aufmachte, doch er sagte hoch erhobenen Hauptes zu Fionn: »Wir sind fertig … Ich denke, wir müssen in unterschiedliche Richtungen gehen.« Und er begann den Abstieg.

»Das ist verdammt richtig!«, sagte Fionn impulsiv. Und dann, selbst zum ersten Mal voller Zweifel und Ärger, fügte er hinzu: »Manche Dinge ändern sich vielleicht nie.«

Wenn Menschen getrennte Wege gehen, scheint alles, was ungesagt bleibt, die Adern zu verstopfen. Gedanken zittern auf den Nerven, Silben balancieren auf der Zunge. Küsse hocken auf den Lippen. Zähne knirschen. Fäuste würgen die Luft.

Lev lief ohne Ziel und machte an dem einen oder anderen Pub halt. Zweimal fiel er, nun schon ordentlich angetrunken, vor Passanten hin.

»Jemanden zu verletzen ist ein Akt widerwilliger Vertrautheit«, schrieb Hanif Kureishi.[7] Fionn hätte der Trost sein sollen, an den er sich klammern konnte, eine Schiefertafel, auf der er die Wahrheit über sich verfasst hätte, aber so konnte Lev es nicht sehen. Levs Glück lag in Ketten, und die Gefangenschaft war selbst auferlegt. Er zeigte das Verhalten von jemandem, der erwartet, sich fast schon wünscht, zerquetscht zu werden. Fionn wusste nicht, wie er ihm helfen sollte. Zwar hatte er ein offenes und großes Herz, aber es war nicht bodenlos. Es ist schwer zu geben, wenn derjenige, dem wir geben, nicht weiß, wie man empfängt.

In Bezug auf den Bau eines Original-Aerostats, der 1785 zum ersten Mal den Ärmelkanal überqueren sollte und aus zwei Ballons bestand – einem Feuerballon zur besseren Kontrolle und einem mit Wasserstoff, um besser abzuheben –, schrieb der Autor Julian Barnes:[8]

Man bringt zwei Menschen zusammen, die vorher nicht zusammengebracht wurden; und manchmal hat die Welt sich verändert, manchmal auch nicht. Sie können abstürzen und verbrennen oder verbrennen und abstürzen. Aber manchmal entsteht etwas Neues, und dann hat die Welt sich verändert.

Die Paarung von Fionn und Lev war ein Wagnis. Ihre Welten veränderten sich, doch sie verstanden nicht sofort, in welche Richtung und aus welchem Grund. *Leicht* und *schwer* suchte sich zu vermischen. Währenddessen verloren sie an Höhe, wurden herumgewirbelt und in Luftlöcher gesaugt, bis sie wieder in den Gleitflug gelangten und Vertrauen zurückgewannen. Verbündete und Rivalen zugleich, brauchten sie Zeit, um ihren eigenen Zweck zu begreifen, Platz für den anderen zu machen.

Unterschiede. Gefälle. Ungleichgewicht. Unmessbarkeit. Lev war nicht bereit, und Fionn in Wahrheit vielleicht auch nicht.

Als Lev in das Cottage zurückkehrte, war Fionn weg. Nackt unter der Dusche schrie Lev, sank in sich zusammen, setzte sich unter den Wasserstrahl und schlief ein.

Drei Jahre vergingen. Eins, um sich zu verstecken, das zweite, um wieder zu atmen, und eins, um wieder aufzustehen. Getrennt, aber doch die ständige Erinnerung an den anderen in sich tragend, dümpelten die beiden vor sich hin, mehr oder weniger wehrlos, mehr oder weniger nachgiebig gegenüber den Angeboten und Nachfragen des Lebens. Wie Patti Smith über ihre Beziehung mit Robert Mapplethorpe schrieb: Sie gingen getrennte Wege, »allerdings nur wenige Schritte voneinander entfernt«.[9]

Fionn war verletzt, glaubte aber, nichts falsch gemacht zu haben. Ab und an schickte er Lev eine Postkarte. Eine kam aus Israel. Dort liebte ihn Alana, eine Archäologin aus Amerika, die in den besetzten Gebieten nach Spuren der Römer suchte, und er ließ sich eine Weile lieben, um mit dem Zweifel fertigzuwerden, was gewesen wäre, wenn er Lev nicht hätte gehen lassen. Lev antwortete nie, und Fionn hörte auf zu schreiben.

Lev begann, die Tatsache zu akzeptieren, dass er sich selbst zuliebe aufhören musste, seine Zukunft von seiner Vergangenheit bestimmen zu lassen. Während dieser drei Jahre arbeitete Lev daher an einer Veränderung.

Veränderungen sind in allen Bereichen unseres Lebens schwer, und ganz besonders, wenn es darum geht, wie wir lieben. Wenn wir eine Veränderung anstreben, müssen wir zunächst mal deren Notwendigkeit erkennen und dann lernen, sie uns mit einer solchen Hartnäckigkeit zu wünschen, dass wir die Bereitschaft zu großen Opfern finden. Das kostspieligste ist, den Mut aufzubringen, uns als das anzusehen, was wir sind, und vor diesem Anblick nicht zurückzuschrecken, so kaputt oder abstoßend er uns auch erscheinen mag. Lev hatte eine Menge für sich zu ordnen. Nachdem sein Roman endlich erschienen war, kam er zu dem Schluss, dass das Leben als Schriftsteller nichts für ihn war. Die Einsamkeit, die es erforderte, die Selbstbesessenheit, die es erzeugte, und das Vertiefen in eine Fantasiewelt waren ihm zu befremdlich. Er wusste nicht, wie er verhindern sollte, dass diese Lebensweise seinem Privatleben im Weg stand. Die meisten Schriftsteller entscheiden sich nicht für das Schreiben. Das Schreiben entscheidet sich für sie. Trotz seines Talents war Levs Leidenschaft für das Schreiben nicht unumgänglich. Das Schreiben machte ihn für niemand anderen zugänglich als sich selbst, und das konnte er sich nicht leisten.

Die Verbote, die wir gegen unsere eigene Erfüllung aufstellen, treten in verschiedenen Formen auf und haben ihren Ursprung in allen möglichen ungelösten Problemen. Ohne es zu merken, tappen wir in selbst gestellte Fallen, aus denen wir nur schwer wieder herauskommen. Unbewusst mögen wir Entscheidungen treffen, eine nach der anderen, die eine Dissonanz schaffen zwischen dem, was wir sind und wie wir leben, was wir wollen und was wir zu bieten haben, was wir uns wünschen und worum wir bitten, damit wir uns davor bewahren, uns unser rohes Selbst zu zeigen und damit in Berührung zu kommen. Auf die eine oder andere Art lassen wir stur Situationen fortbestehen, die uns in Sicherheit wiegen.

Gefangen in seinen eigenen Ketten, war sich Lev, als er Fionn zum ersten Mal begegnete, seiner Verzerrungen gar nicht bewusst. Er hörte sein eigenes Schreien nicht. Doch dann kreischte etwas. Nun, gequält vom Verlust Fionns und der Aussicht, dass er niemals zurückkehren oder er nie jemand anderen finden würde, rief Lev: »Es reicht«, und begann, andere Entscheidungen zu treffen. Er arbeitete hart daran, wieder eine Lehrtätigkeit zu bekommen, und fand schließlich eine in Dublin, denn wenn er unterrichtete, war er in seinem Element. Er hörte auf, sich nur auf sich zu konzentrieren, und erst recht darauf, was andere von seinen Entscheidungen gehalten hätten. Er beschloss, keinen Tag mehr allein zu verbringen. Er investierte Zeit in neue Freundschaften. Er unternahm die Spaziergänge, die er immer zu machen versäumt hatte. Immer wenn er sich Sorgen um etwas machte, rief er Freunde an und fragte sie, wie es *ihnen* ging. Und er nahm Reitstunden.

Auf dem Weg zu einer Veränderung befahren wir neue Straßen, biegen ab, durchqueren manchmal dunkle Tunnel und kommen in unbekanntem Terrain wieder heraus. Auf diesem Weg werden wir sukzessive zu dem geformt, der wir einmal sein werden. Eine Veränderung ebnet den Weg für eine andere, und so kann ein kleiner Schritt einen ganzen Katalog unerwünschter Gewohnheiten umwerfen. Learning by doing. Wir alle verdienen es, zu finden, was uns mehr bedeutet als alles andere und uns vor Leben brummen lässt.[10] Wir alle brauchen Authentizität.

Bereits Ende des 19. Jahrhunderts hatte William James erkannt, dass Veränderung durch eine Verschiebung mentaler Gewohnheiten herbeigeführt werden kann. Er schrieb: »Suche nach jener bestimmten mentalen Eigenschaft, die dich zutiefst lebendig fühlen lässt, bei der die innere Stimme mitschwingt, die dir sagt, ›Dies ist mein wahres Selbst‹, und wenn du diese Einstellung gefunden hast, dann folge ihr.«[11] In der Neurowissenschaft lässt sich das in kleine Anpassungen in der Art übersetzen, wie die Neuronen feuern, die durch jede einzelne Wiederholung die Macht haben, uns aus einer eingefahrenen Verhaltensschiene auf eine bessere Spur zu heben, indem zum Beispiel automatisierte Angstreaktionen zu positiven Haltungen verschoben werden, oder Untätigkeit zu einer Zielsetzung. Gewohnheiten werden von Stichworten ausgelöst. Mit der Zeit verknöchern sie und werden von wiederkehrenden Verhaltensmustern verkrustet, weil sie uns auf die eine oder andere Weise belohnen. Um mit Gewohnheiten zu brechen, müssen wir jene Stichworte erkennen und ihnen aus dem Weg gehen oder uns zwingen, anders auf sie zu reagieren, mit neuen Belohnungen zu experimentieren.[12]

Lev wechselte von einem Freund zum anderen. Jeder davon war nur ein Zeitvertreib, eine Brücke, die Lev seinen nächsten Punkt mit besserem Blick auf sich selbst erreichen ließ. Mit James, einem netten Banker, hielt es am längsten, doch da dieser Fionns Geist spürte, erwies er Lev die Höflichkeit, sich zurückzuziehen.

Lev lernte, seine Grenzen zu akzeptieren. Er verstand, dass zu ihm nur jemand passen würde, dessen Reserve an Akzeptanz und Güte, Willen und großzügigen Lebensumständen seine überstieg. Jemand, der seine Instabilität kompensieren konnte. Fionn war diese Person, und tief in seinem Inneren hatte Lev das schon immer gewusst. Doch als er mit Fionn zusammen war, war er einfach nicht bereit, das zuzugeben. Er war nicht bereit, seine eigene Verwundbarkeit einzugestehen, was dazu führte, dass er unerträglich wurde. Dies ist ein entscheidender Punkt. Wir müssen nicht perfekt sein, um in das Leben von jemand anderem eingeschlossen zu werden. Was zählt, ist zu erkennen, dass wir nicht perfekt sind, und bereit zu sein, es zu akzeptieren.[13] Das ist das Geheimnis. Wenn das funktioniert, wenn wir bereit sind, wir selbst zu sein, dann können wir großzügig genug werden – anderen und uns selbst gegenüber –, sodass keine Zurückweisung uns verletzen kann. Liebe entsteht nicht durch Schutz. Sie gedeiht am besten in der Rohheit der Verwundbarkeit. Liebe ist da, um die Angst mit Mut fortzuschwemmen. Um uns auf eine Art zu tilgen, die uns nicht auslöscht, sondern unnötige Unsicherheiten überwinden und überflüssige Bedürfnisse übersehen lässt, um sich um diejenigen der geliebten Person kümmern zu können. Lev war nicht wirklich bereit zu nehmen. Er musste akzeptieren, dass er es verdiente und Gutes daraus entspringen konnte, dass er geliebt wurde. Er musste seinen Geliebten ins Zentrum seiner Aufmerksamkeit stellen und nicht die Gefahr, die damit verbunden war, sich ihm hinzugeben. So konnte er lernen, seine ungünstigen Gewohnheiten einzustellen. Und so konnte sich sein Hunger in Großzügigkeit verwandeln. Er brauchte nichts weiter tun, als die Aufmerksamkeit umzukehren: darauf hören, was andere zu bieten hatten und brauchten, anstatt sich nur damit zu beschäftigen, wie sehr er sie liebte oder ob sie seine Liebe erwiderten. Nach drei Jahren war Lev nicht zu einer anderen Person geworden, aber zu jemandem, der sich selbst zumindest besser kannte. Dieses Bewusstsein verlieh ihm Ruhe und ließ ihn mit sich mehr im Reinen wirken.

Fionn war das Beste, was ihm je passiert war, der Mann, der den Wunsch in ihm erweckt hatte, der Wahrheit ins Gesicht zu schauen. Und jetzt konnte Lev es sagen, ohne Furcht, ohne Scham. Und er konnte es voll Dankbarkeit sagen, denn Fionn hatte ihn darauf hingewiesen, was wirklich zählte. Dank Fionn konnte Lev sich im Spiegel ansehen. Wenn zwei Menschen merken, dass sie ohne einander nicht leben können, liegt es daran, dass sie die Macht jenes Spiegels erkennen und brauchen. Wenn das passiert, werden sie unzertrennlich. Lernen, sich selbst und anderen zu vertrauen, kann ein steiniger Weg sein, doch er führt zu diesem Reichtum.

Man könnte leicht denken, dass Intimität, nur weil sie einmal fehlgeschlagen ist oder nicht wie erhofft fortbestanden hat, niemals stattfinden wird oder dass zwei Menschen nie wieder in der Lage sein werden, sie zu teilen. Nein. Intimität verlischt und verblasst. Sie kann sich verstecken, doch sie kann von einem Moment zum anderen wieder mit voller Macht zurückkehren.

Levs größter Wunsch war es nun zu lernen, wie man lehrte und etwas beigebracht bekam. Und er wollte das mit Fionn. Es gab keine Rangfolge mehr, kein Vergleichen, kein Beurteilen. Es war keine Frage mehr des Führens oder Geführtwerdens. Leichtigkeit und Schwere ergaben zusammen Tiefe. Sie waren *inter pares*. Sie waren gleich.

Lev dreht das Radio lauter, obwohl er es sofort weiß. Es trifft ihn wie eine Flutwelle.

Fionn ist heimgekehrt.

Wie ein Gesicht ruft eine Stimme unsere Unterscheidungsfähigkeit auf den Plan. Sie markiert eindeutige Spuren in unserer Erinnerung, und ihr Erkennen hat einen zugehörigen neuronalen Ort im Gehirn.[14]

In den 1920ern wurde der biologischen Geografie einer Erinnerung der Name *Engramm* verliehen – es klingt wie irgendwas zwischen einer Software und einer Rille in einer Vinyl-Schallplatte.[15] Seitdem, durch jahrzehntelange Prüfung, die nicht ohne Auslöschung und Manipulation vonstattenging, ist es möglich, Engramme zu lokalisieren und so Erinnerungen im Gehirn zu verorten.[16] Selbst innerhalb kleiner Neuronenansammlungen. In jüngster Zeit wurde es sogar möglich, Erinnerungen selektiv hervorzurufen. In einer Studie mit Nagetieren waren die Forscher in der Lage, gezielt gespeicherte Erinnerungen an angenehme Begebenheiten aufleben zu lassen und mit deren Hilfe Verhalten zu steuern.[17] Diese Ergebnisse ebnen den Weg für die Behandlung von Krankheiten wie Depression, bei denen die Betroffenen davon profitieren, sich eher an angenehme als an negative Erfahrungen zu erinnern.

Wir alle könnten davon profitieren, positive Erinnerungen großzuschreiben und sie als Sprungbrett für unsere Stimmungen und Handlungen zu benutzen. Lev hat seine Düsterkeit hinter sich gelassen und will sich nur noch an die Momente klammern, als nichts und niemand seine Verbindung zu Fionn hätte infrage stellen können. Und von diesen Erinnerungen gab es viele.

Als er Fionns Stimme lauscht, sieht er dessen ungläubige Augen vor sich, als er seine Einladung zum Konzert annahm. Er hört Fionns Lachen in den Sprachnachrichten, die er ihm zum Geburtstag schickte. Levs Erinnerung wandert zu jener Nacht, als sie sich in einer Kneipe betranken und mit den Kellnern flirteten. Und zu dem Tag, als Fionn eifersüchtig wurde, nachdem Lev sich im Supermarkt mit einem anderen Typ unterhalten hatte. Zu jenem Morgen, als Lev aufgewacht war, nachdem alle seine Studenten, einschließlich

Fionn, wegen eines Gewitters nach einem Treffen auf seinem Fußboden gestrandet waren, und er Fionn in Levs Klamotten gehüllt fand, die er sich nachts aus seinem Kleiderschrank geholt hatte. Zu dem Moment, als Fionn zum ersten Mal *Wir* sagte anstatt *Ich*. Als Fionn der Einzige war, der Lev fragte, ob alles in Ordnung sei, nachdem Lev sich mit einem hysterischen Institutsleiter herumschlagen musste. Als sie auf einer Bank saßen und ihre erste gemeinsame Dinnerparty planten. Zu einem Raum voller Gäste, in dem Fionn regelmäßig aus einer Ecke zu Lev hinübersah, einfach um zu signalisieren, dass er da war, und dann nachsichtig lachte, wenn er sah, dass Lev wieder einmal viel zu viel gekocht hatte. Zum Walzer. Zu ihrer Bootsfahrt, als sie Oberschenkel an Oberschenkel, jeder einen Riemen in der Hand, ruderten, bis es dunkel wurde. Und zu dem Moment, als Fionn Lev versicherte, dass er verstand, dass es Aufregung und nicht Nervosität war, die Lev oft wirken ließ, als zappele er herum.

Diese gehaltvollen Erinnerungen, und viele mehr, erheben Lev auf eine Anhöhe, von der nichts, kein Zweifel, ihn herabsteigen lassen könnte. Das ist die Akrobatik der Liebe. Er weiß, er hatte Fionn nie wehtun wollen und dass er ihm nie wieder wehtun wird.

Lev ist weiser, kampfbereit, gefestigt. Sein Herz gehört Fionn.

Während der letzten drei Jahre schrieb Lev, wenn er mit Fionn reden musste, immer wieder Briefe, die er nie abschickte. Sie enthielten keine Fragen, keine Erklärung, keine Forderungen. Nur einen Bericht über seinen Alltag. Sie waren ein Tagebuch über Levs Wachsen. Fionn würde sie eines Tages lesen, hofft Lev. Auf jeden Fall bleibt keine Zeit, lang zu überlegen oder zu zögern. Lev musste sie Fionn sofort schicken.

Am Tag des Referendums kehrte Fionn nach Bantry zurück, wo er wahlberechtigt war. Zuerst machte er sein Kreuzchen, dann ritt er mit seinem Bruder Tom auf Tristan zum Sheep's Head und zurück. Später trank er ein Bier mit seinem Kumpel Shane. Nach dem Abendessen setzte er sich mit seiner Ma und seinem Da auf den Rasen und sah dem Farbenspiel in der Bucht zu. Alles war friedlich, nichts war zu hören als das rhythmische Zerschellen der Wellen an den Felsen unter ihnen.

»Jetzt bist du zu Hause«, sagte seine Ma.

»Ja, ein tolles Gefühl!«

»Tristan sieht man auch an, dass er sich freut, dich zu sehen«, sagte sein Da. »Ich weiß noch, als er noch ein Fohlen war und sehr krank wurde, du bist ihm keine Sekunde von der Seite gewichen, bis es ihm besser ging …«

»Wir sind zuversichtlich, was das Wahlergebnis morgen betrifft, ich meine … Das sind wir wirklich«, sagte seine Ma.

»Ich glaube auch daran«, sagte Fionn. »Da passiert gerade etwas Unglaubliches.«

Dann entstand ein Moment des Schweigens.

»Ich hoffe, du nimmst uns nicht übel, wenn wir das sagen, aber dir scheint dieser Tage noch etwas anderes durch den Kopf zu gehen, oder?«, sagte sein Da.

»Was denn?«

»Wir wissen, dass Lev immer noch hier ist.«

»Er spricht nicht mit mir«, sagte Fionn und stand auf. Dann sagte er: »Ich habe Angst.«

»Du hast Angst? Das ist neu. Wovor denn?«, fragte seine Ma.

»Dass alles verblichen sein könnte.«

»Ist es für dich verblichen?«, fragte sie.

»Nein, aber er will nichts von mir wissen.«

»Fionn. Komm her.« Sie nahm seine Hand. »Hör mal, ich weiß, er hat dir wehgetan, aber glaubst du nicht, dass du ihm noch viel bedeutest?«

Fionn schloss die Augen.

»Fionn, erinnerst du dich noch daran, als dein kleiner Bruder schikaniert wurde und aufgehört hat, mit dir zu spielen, weil er insgeheim sein wollte wie du, aber … es nicht sein konnte, und du dich geweigert hast, mit irgendjemand anderem zu spielen, bis du ihm klargemacht hattest, dass es so viel an ihm gab, was er nicht wusste?«, fragte sie.

»Und …?«

Sie fuhr fort: »Du hast dich nie von irgendjemandem entmutigen lassen, ihn zu lieben.«

Fionn griff nach der Hand seiner Mutter und dann nach der seines Vaters, um sie zusammenzuführen.

»Siehst du, wir sind dafür gemacht zu lieben, koste es, was es wolle«, sagte sie.

»Ich habe dich und Lev in euren besten Zeiten gesehen. ›Er ist so ein großartiger Mann‹, hast du immer gesagt, ›so schön, so anständig.‹ Gewisse Dinge verbleichen nicht so leicht«, sagte sein Da.

»Was soll ich denn jetzt machen? Ich hab's doch versucht. Er hat mir keine Chance gegeben.«

Und da sagte seine Ma: »Heute morgen ist ein Päckchen für dich gekommen, von Lev.«

Für morgen gab es eine Chance, und die Hoffnung ließ die Nacht in einer Sekunde vergehen.

Einen nach dem anderen verschlang Fionn die Briefe. Am Morgen nahm er den ersten Bus und dann den Zug nach Dublin. Als er dort ankam, kamen die Wahlergebnisse aus dem ganzen Land an. Er spulte sein Programm ab, bevor er zum Dublin Castle ging, um sich die Bekanntgabe der Ergebnisse anzusehen. Dort, unter blauem Himmel und der großzügigen Sonne eines Maisonntags, umarmten sich alle, zitterten, strahlten und heulten. Die Nation hatte sich für die Legalisierung gleichgeschlechtlicher Ehe ausgesprochen. Da waren Junge und Alte, Singles, Kinder, Teenager, Eltern und Großeltern, Schwule und Heteros, Liebende, Freunde und Feinde. Lieder wurden gesungen. Jubelnde Feuerwehrmänner fuhren mit ihren Löschfahrzeugen die Dame Street auf und ab. Dieses »Ja« war eine Erhebung. Ein Geschenk, das über Toleranz hinausging. Eine Versicherung, die viele sich nicht allein hätten geben können, sondern nur die Großzügigkeit eines großen Teils der Nation gewähren konnte: dass ihre Gefühle ehrenhaft sind, dass sie geschützt werden und alle gleich sind. Alle gleich.

Lev und Fionn suchten und fanden sich in der Menge. In dem Moment, als sie voreinander standen, packte Lev Fionn und zog ihn an sich, so wie man ein Kind einer unmittelbar drohenden Gefahr entreißen würde. Zweimal stieß er irgendeine Version von »Ich gehöre dir« aus, und zweimal sagte er »Es tut mir leid« an Fionns Ohr und seinem Hals.

Es war Reue, Hingabe, Vergebung, Schutz, Freigiebigkeit und Vergeltung.

Es war Gleichheit.

JA

ÜBER BEDINGUNGS-
LOSIGKEIT

Es fühlt sich an, als wäre er hier und sähe mir zu. Ich könnte mich umdrehen und ihn im Bett liegen sehen, auf einen Ellbogen gestützt, und er würde mich fragen, warum in aller Welt ich nie schlafen kann, ob ich Jack Spicers Gedicht über One-Night-Stands kenne und ob ich ihm den Rücken einreiben kann. Er weiß, dass er mir eine schwere Aufgabe gestellt hat. Ich frage mich, habe ich sie zu ernst genommen oder habe ich sie nicht erfüllt?

Du müsstest jetzt schon zu Hause sein, Anthony, der du dir nicht bewusst bist, was du zutage gefördert hast, indem du einfach nur bist, wer du bist. Es ist keine Woche her, dass ich dich pfeifen hörte, und es ist einfach nur ein Wunder, dass sich unsere Wege gekreuzt haben. Durch dich ist Maurice mit voller Macht zurückgekehrt.

Sei nicht sauer, weil ich zuerst weggelaufen bin. Ich war überwältigt, wie ähnlich du ihm bist. Es ist Zeit, dass ich dir von ihm erzähle, da es scheint, als unterhieltet ihr beiden eine geheime Beziehung.

Heute Abend sahen deine Augen beinahe wie seine aus. Du bist schöner. Seine Hände waren größer. Dein Hals ist etwas breiter. Doch in der Luft liegt dasselbe Flüstern, wenn du da bist, als würde irgendetwas jeden Moment enthüllt werden. Und das Lächeln … Die unbeirrbare Kurve deiner Lippen und wie deine Augen schmal werden, wenn du gleich los-lachst – all das scheint direkt von seinem Gesicht zu kommen und sanft auf deinem gelandet zu sein. Ich schlinge meine Beine um dich auf diese ganz besondere Weise, die unsere war, die von Maurice und mir. Ich darf nicht vergessen, deine Knie zu meiden, denn schließlich bist du nicht er. Er war aus-nehmend empfindlich an seinen Waden und dafür, wie ich sie in einer klammernden Liebkosung mit meinem Schienbein entlangfuhr. Wenn er jetzt wirklich hier wäre, würde er mich im Nacken berühren. Seine Nase in meinem Haar vergraben. Meine Stirn küssen.

»Ist schon gut, Margo. Ist schon gut«, würde er sagen. »Wir haben uns zusammen überlegt, wie wir leben, weißt du nicht mehr?«

Wenn keiner von uns jemanden mit nach Hause gebracht hatte, verbrachten wir die Nacht zusammen. Er tauchte aus seinem Zimmer im Keller auf und schlüpfte ohne ein Wort, manchmal vor sich hin summend, oben in unser großes Bett. Dann ging es los. Ein sanftes, gemeinsames Gemurmel über den gerade verstrichenen Tag. Ich fragte ihn Dinge wie: »War es heute schwer, die Welt zu verbessern?« Und er sagte: »Es reichte schon, rauszugehen und sich blicken zu lassen …«

Es war unser Wiegenlied. Mittendrin zog er mich zur Sei-te und fragte mich, während er mir direkt in die Augen sah, was mit all den Liebhabern in der Stadt los war, die nichts von meiner Existenz wussten. Doch dann fragte er mit einem An-flug von Angst in den Augen: »Aber du lässt doch nieman-den meinen Platz einnehmen, oder?« Und dabei stupste er mit geschlossenen Augen mit der Nase gegen meine Wange.

»Nein … Niemand nimmt hier jemandes Platz ein«, be-ruhigte ich ihn. »Das hier ist der Feenhimmel. Es gibt genug für alle.«

So war es bei uns zu Hause, wenn wir zu Bett gingen, vor allem nach unserem Versprechen.

Berührt zu werden, ist nie nur eine passive Erfahrung. Es schließt ein, in die Bewegungen und Absichten von jemand anderem hineingezogen zu werden. Zwei Körper, die sich ineinander verschlingen, fühlen sich vereint und merken gleichzeitig, dass sie voneinander getrennt sind. Berührt zu werden, besitzt die unterschwellige Macht, Teile des Körpers zu erwecken, die ansonsten tot oder vergessen erscheinen würden. Es schreibt ihnen Bedeutung zu.[1] Berührungen sind zart und doch machtvoll im Kommunizieren von Emotionen. Sie tun das mit einer gewaltigen Nuance. Berührungen besitzen Form, Geschwindigkeit, Dauer, Intensität und Schwung. Sie können fest oder sanft sein. Sie schreiten vor und bleiben stehen. Sie breiten sich aus und verengen sich. Wie eine Art Handschrift verkleckern Berührungen die Tinte der Emotionen mit Raffinesse, und obwohl sie absolut persönlich sind, tun sie das unmissverständlich. Das gilt insbesondere für zwei Menschen, die mit den Körpergewohnheiten des anderen sehr vertraut sind, kann jedoch auch zwischen Fremden vorkommen.

Eine elegante Studie zeigte, dass zufällig zusammengestellte Paare einander Emotionen wie Freude, Ärger, Traurigkeit, Angst, Liebe, Abscheu, Mitgefühl und Dankbarkeit akkurat durch Berührungen mitteilten. Durch Tätscheln, Streicheln, Reiben, Zwicken, Drücken oder Sich-Anschmiegen übermittelten die Urheber des Berührungsdialogs eine Emotion ihrer Wahl, indem sie physischen Kontakt zum empfangenden Partner herstellten, der mit verbundenen Augen riet, was ihm kommuniziert wurde.[2] Ein Code aus Berührung, Dauer und Intensität ging aus der Studie hervor.

Mitgefühl wurde zum Beispiel hauptsächlich durch Tätscheln und Reiben vermittelt. Ärger nahm die Form von Schütteln, Stößen und Drücken mit hoher Intensität und kurzer Dauer an. Umarmungen, Streicheln und das Anschmiegen aus Traurigkeit waren von leichterer Intensität, doch deren Dauer war durchschnittlich länger.[3]

Von Linien in der Haut bis hin zu Gewölben im Gehirn wird die neurologische Architektur entschlüsselt, die der Berührung unterliegt. Angenehm sanftes und zärtliches Streicheln behaarter Haut stimuliert bestimmte Nervenenden, die bis hin zum Inselkortex projiziert werden, einem Gehirnareal, das mit der Verarbeitung positiver Emotionen verknüpft wird.[4]

Roland Barthes sagte, »die Sprache ist eine Haut« und könne »vor Begierde« zittern. »Ich reibe meine Sprache an einer anderen.«[5] Es ist, »als hätte ich Worte anstelle von Fingern oder Finger an den Enden meiner Worte«. Liebende bringen die Gleichung auf beiden Seiten zum Kippen, indem sie ihre eigenen Dialekte benutzen, neue erfinden. Der Körper wird zu einer Schreibfläche, die Berührung hat ihr eigenes Wörterbuch.

Zum ersten Mal erblickte Margo Maurice' tiefschwarze Augen auf einer Party. Sein weiß-blau gestreiftes Hemd offen und ein dünnes rotes Tuch um den Hals.

»Was ist deine Passion?«, fragte Maurice sie.

Mit dieser Eröffnungszeile versuchte Maurice einen Blick auf die wahren Wünsche von allen zu erhaschen. Er wollte wissen, was sie am Leben hielt. Und zählte die Sekunden, bis er eine Antwort bekam. Wenn er lange warten musste oder die Antworten ausweichend waren, wandte er sich dem nächsten Ziel zu auf der Suche nach einem größeren Anreiz.

»Eigentlich nur Sex, sonst nichts«, war Margos Antwort.

Sie übertrieb. Tatsächlich entwickelte sich ihre Welt der Sexualität erst, nachdem sie Maurice begegnet war, aber sie wusste, dass ihm eine solche Antwort gefallen würde.

»Na, und was ist deine?«, forderte sie ihn heraus.

»Anderen dabei helfen, ihre zu finden und ihr Ausdruck zu verleihen«, entgegnete Maurice.

Erst später fragte Maurice sie nach ihrem Namen. Er sagte, dass er sich weiter mit ihr unterhalten hatte, weil er fand, dass sie hoffnungslos zu einem komplizierten Leben verdammt sei. Das war die Art von Schicksal einer Person, die er bereit war zu teilen.

»Weil das Leben auf süße Weise kompliziert ist, wenn ihm die Liebe zugrunde liegt«, sagte er und führte sein Glas zum Mund.

Sie gingen ans Meer und redeten, bis die morgendlichen Möwen vom Horizont zurückkehrten. Dann trug er Margo bis in ihr Zimmer. Er hatte starke, geschmeidige Hände mit großen, abgerundeten Knöcheln und lange Finger, passend zu seiner Fähigkeit, Einzelheiten wahrzunehmen.

Als er sich verabschiedete, rief er: »Ich glaube, ich habe eine neue Passion, Margo!« Er ließ das O ausklingen, als hauche er ihr einen Luftkuss zu.

Drei Wochen später, an einem strahlenden Oktobernachmittag, zogen sie zusammen. Die Luft war frisch. Auf der Allee verbeugten sich die Bäume voller Freude, als sie mit dem beladenen Lieferwagen auf ihr neues kleines Heim zufuhren.

»Ich habe vor, viele Kerle mit nach Hause zu bringen«, warnte Maurice Margo.

»Kein Problem, ich muss nur jedem Einzelnen davon zustimmen!«

Die Leute hielten sie für Bruder und Schwester, vielleicht, weil sie an beiden denselben Wunsch wahrnahmen, ihre Familien hinter sich zu lassen. Maurice wurde auf dem Rücksitz des Autos seiner Familie irgendwo auf dem Highway 1 geboren, als seine Eltern von einem Ausflug in den Wald zurückkehrten. Als Kind glaubte er, das Wort »knuddeln« erfunden zu haben, und lief überall herum und zeigte jedem, was es bedeutete, etwas, das er immer noch tat, als Margo ihm begegnete.

Als er in die Stadt kam, hatte er ein renommiertes Jurastipendium aufgegeben, um sich dem Literaturstudium zu widmen. Seine strenge griechische Einwandererfamilie weigerte sich, mit ihm zu sprechen, nachdem er sein Zuhause verlassen hatte. Die Einzige, die er wirklich vermisste, war seine Mutter Maria. Margo las es jedes Mal in seinen Augen, wenn sie Auberginen zubereiteten. Irgendwann brach Maria das Schweigen und begann ihn gelegentlich zu besuchen, ohne ihrem Mann davon zu erzählen. Sie brachte immer ein paar Flaschen hausgemachter Tomatensoße mit und ein Buch, damit Maurice niemals das Land und die Sprache seiner Eltern vergaß. Im Buch fand sich, willkürlich zwischen die Seiten gelegt, ein kleiner Umschlag mit etwas von ihrem Ersparten.

Sowohl Margo als auch Maurice hatten Jobs, doch Geld hatten sie nie im Überfluss. Maurice war Kassierer in einem Supermarkt, der fünf Blocks von ihrem Haus entfernt war. Dort arbeitete er an den meisten Nachmittagen, und sein Verdienst reichte gerade, um die Miete zu bezahlen und eine Flasche Gin und Zigaretten im Haus zu haben – die sie ihr Brot und ihre Butter nannten. Margo arbeitete in einem Blumengeschäft. An ihren freien Vormittagen, wenn sie nicht so früh aufstehen musste, kroch sie aus dem Bett in ihre große Küche und kochte ihm Kaffee, während er Liegestütze machte. Dann war es Zeit, eine zu rauchen. Margo hatte nicht gerauchte, bevor sie Maurice begegnet war, und er formulierte es so: »Du bringst mir bei, wie man lebt. Ich bringe dir bei, wie man stirbt!«

In der Küche hatten sie eine große Tafel, obwohl sie sie nie verwendeten, um eine Einkaufsliste zu machen. Maurice zeichnete irgendwas Kleines darauf oder kritzelte einen Hinweis aus einem Gedicht oder einer Geschichte hin, die er gelesen hatte. Er machte ein Fragezeichen dahinter und ließ etwas Platz, damit sie den Titel darunterschreiben konnte. Oder einer von ihnen begann, ein großes Bild mit bunter Kreide zu malen, und der andere fügte etwas hinzu, wischte weg, änderte, und so ging es hin und her. Ein Gockel hieß, dass ein Kerl im Haus war. Ein Segelboot, dass sie ausgingen. Ein Halbmond bedeutete eine ruhige Nacht nur für sie beide. Eine Wolke zeigte jene seltenen Momente an, wenn einer von ihnen allein sein wollte.

Ein großer, hölzerner Schreibtisch, der in einer Ecke am Fenster nach vorne stand, bildete den wahren Alkoven ihrer Intimität.

»So, meine Schönheit«, sagte Maurice, als er die zweite Schicht weißer Farbe darauf verteilte. »Jetzt können wir hier drin leben!«

Auf dem alten Pult, wo sich ihre Papiere vermischten, verschmolzen ihre Worte. Maurice begann den Tag mit ihren Worten. Während Margo im Laden die Blumen wässerte, dachte sie voll Bangen daran, wie er sie las, voller Neugier, das Haar zerzaust und die Augen halb geschlossen. Maurice schrieb dann seine eigenen Zeilen und legte sie so hin, dass Margo sie fand. Maurice war sehr diszipliniert. Er schrieb jeden Tag, vor allem Gedichte, und verließ den Schreibtisch erst, wenn er mit seinen täglichen Werken zufrieden war.

Margo hörte Musik, wenn sie zu Bett ging. Diese Gewohnheit begann mit Maurice, ging jedoch auf ihre Kindheit zurück. Sie lebte in einem großen Haus, in dem auch einer ihrer Onkel wohnte. Als sie klein war, hatte sie ein eigenes Zimmer. Ihr Onkel sah gern bis spät in die Nacht fern. Wenn sie den Fernseher hören konnte, wusste sie, dass er beschäftigt war und sie beruhigt schlafen konnte. Sie brachte sich bei, aufzuwachen, sobald die Geräusche von unten aufhörten. Stille in der Nacht bedeutete, dass er sich langsam nach oben in ihr Zimmer schlich.

Eines Nachts konnte Margo in dem Haus, in dem sie mit Maurice wohnte, nicht schlafen. Obwohl sie mucksmäuschenstill war, wusste Maurice, dass sie wach war. Er tat so, als schliefe er fest. Margo lag neben ihm und beobachtete ihn, als er plötzlich ein Auge öffnete.

»Du kannst mir nichts vormachen. Du hast kein Auge zugetan. Was ist los?« Dann machte er einen Versuch: »Was hörst du?«

»Stille, Maurice, ich höre die Stille …«

»Stille … und das macht dir Angst? Und wenn ich schnarchen würde …?«

Er ging nach unten und stellte in der Küche das Radio an. Dann kam er zurück und schmiegte sich an sie, während sie in den Schlaf hinüberglitt.

Schlimme Erfahrungen im Leben weben verzwickte Fäden in unsere Erinnerungen. Sie schleichen sich in unsere Körper und unsere Köpfe ein und hinterlassen Narben, die unser Wohlbefinden stören und nachfolgende Muster und Gewohnheiten der Vertrautheit beeinflussen.[6] Doch die Narben eines Traumas sind nicht immer tief und unauslöschlich, denn wir alle verfügen über Mittel, um sie zu heilen.[7] Solche Mittel werden von verschiedenen Faktoren geformt, von Genen über Gehirnnetzwerke zu Lebensbedingungen, die zusammen den Einfluss des Traumas kompensieren können und den Widerstand dagegen begünstigen. Eine Traumaerfahrung besitzt die Macht, die Größe einiger Gehirnregionen zu verändern. Eine davon, der anteriore cinguläre Kortex, sitzt im vorderen Teil des Gehirns.[8] Er ist an der Verarbeitung von physischem und emotionalem Schmerz und dem Fällen von Entscheidungen beteiligt, sowie anderen sozialen Interaktionen wie Empathie.[9] Die andere, tiefer im limbischen System sitzende, ist der Hippocampus.[10] Im Hippocampus werden Erinnerungen gespeichert und abgerufen, aber dort können sie auch ausgelöscht werden.[11] Eine Studie, die die Gehirne von Traumaopfern, die weiterhin von Erinnerungen verfolgt werden, mit solchen verglich, bei denen das nicht der Fall war, hat ergeben, dass der Mangel an Widerstandskraft bei Ersteren auf Defiziten in der Integrität des Cingulums beruhen könnte, einer Gruppe von Gehirnmassefasern, die den cingulären Kortex mit dem Hippocampus verbinden.[12] Eine weitere Rolle des anterioren cingulären Kortex ist die Unterstützung des Hippocampus beim Auslöschen von Angstreaktionen, daher könnte hinter dem Fortbestehen von traumatischen Erinnerungen eine Störung von deren Verbindung stecken.

Ein entscheidender Faktor bei der Überwindung von Traumata ist, dass man einschlägige Hilfe erhält. An erster Stelle stehen die Liebkosung wohlwollender Fürsorge sowie soziale und emotionale Unterstützung, vor allem wenn sie von Familie oder Freunden kommt.[13] In Folge eines Traumas können wir extrem labil sein, doch auch geschickt darin, es zu überwinden. Maurice war für Margo ein Pfeiler der Stärke. Maurice wusste das und beschützte sie.

Seit jener Nacht war bei irgendeiner Geräuschkulisse

einzuschlafen für Margo, als würde Maurice sie im Arm halten.

Maurice summte ganz passabel, sang aber fürchterlich, deshalb sang Margo lieber für ihn, hauptsächlich alte Lieder aus den 1930ern, die sie zum Tanzen brachten. Margo sang ihm vor allem etwas vor, wenn er unter der Dusche stand oder sich vor dem Spiegel zurechtmachte, bevor er ausging. Maurice war wollüstig. Einmal ließ er sich auf ihr großes Bett fallen und stellte fest, dass sein Tagebuch sich wie das Kontenbuch eines Puffs lese. Maurice bestand darauf, dass Margo selbst an diesem Teil seines Lebens teilhatte, daher landeten sie oft zusammen in Bars und Schwulensaunas. Nick, ein alter Freund von Maurice aus der Heimat, war bei solchen Vergnügungen Maurice' Komplize. In einer Bar war Maurice schon so bekannt, dass die Besitzer bei ihm anriefen, wenn er nicht auftauchte. Ein paar Typen wurden ausgewählt, ihm nach Hause zu folgen und die Bekanntschaft zu vertiefen. Margo lernte sie dann beim Frühstück kennen.

Innen an ihrer Tür hatten sie ein Messingschild hängen, auf dem stand: NMBS, No More Bull Shit. Schluss mit der Scheiße. Ein Slogan mit vier Buchstaben, um sich gegenseitig zu versichern, dass sie einen Plan hatten. Zum Teil eine Einladung, mit der Vergangenheit zu brechen, stellte er eine tägliche Erinnerung dar, alles zu tun, was sie konnten, um glücklich zu sein. Es hing da oben, um sie daran zu erinnern, dass sie es sich nicht leisten konnten, auch nur einen einzigen Tag für etwas zu verschwenden, das nichts für sie war oder ihre wahre Berufung bedrohen könnte. Sie legten Wert darauf, sich immer wieder vor Augen zu führen, was ihre Lebensziele waren und was dazu gehörte. Sie stellten einander Fragen mit dem Ziel, sicherzugehen, dass alles, was sie taten, genau das war, was sie am Leben hielt. Gemeinsam arbeiteten sie Tag für Tag die Nuancen des NMBS heraus. Das NMBS-System hatte auch mit ihren Herzen zu tun. Es ging hauptsächlich um die Verteidigung der Liebe. Es half ihnen, sich von denen abzuwenden, die sie mochten, die ihre Gefühle aber nicht erwiderten, und von denen, die, aus welchem Grund auch immer, resistent gegen die Liebe waren.

»Keine Zivilisten in unserem Königinnenreich!«, sagten sie sich gegenseitig. »Dafür haben wir keine Zeit!«

Maurice war überzeugt, dass die Liebe immer die Form annimmt, die am besten funktioniert, um Menschen zu halten, wenn sie es zulassen.

Ein besonderer Grund, weshalb so viele von Maurice fasziniert waren und Zuflucht unter den Fittichen seiner Gesellschaft suchten, war seine Fähigkeit, ihnen dabei zu helfen zu verstehen, was sie wollten. Er zeigte bei jeder Kleinigkeit eine vereinnahmende Komplizenschaft. Obwohl er oft vorlaut war, war Maurice nicht arrogant. Er verstand, dass Individuen unersetzlich sind, daher ermutigte er sie, ehrlich zu sich selbst zu sein, ohne dass sie sich mittelmäßig vorkamen, wenn sie es nicht schafften. Deshalb kamen immer wieder Menschen zu ihm. Mit der Zeit wurden Maurice und Margo gut darin, sich mit Leuten zu umgeben, die wie sie dachten, und lernten, bei deren Auswahl ihrem Bauchgefühl zu vertrauen. Diejenigen, die sie liebten, wurden gehütet wie der letzte Tropfen Gin im Haus.

Es gab keine halben Sachen: Wenn sie Ja sagten, hieß das JA von ganzem Herzen.

An einem heißen Samstagmorgen im Hochsommer schwiegen sie, von der Hitze völlig geschafft, im Bett länger als gewöhnlich. Keiner von beiden musste arbeiten.

Dann stand Maurice auf und rief: »Schätzchen, wir geben heute Abend eine Party … mach dich fertig, das wird wunderbar!«

Maurice bat Margo, sich um das Essen zu kümmern, während er herumlief, um alle einzuladen, die sie kannten. Er wies Nick an, Alkohol zu kaufen und Sangria zu machen. Er kam mit Körben voller Blumen zurück, und sie begannen, die Veranda mit roten Kerzen zu schmücken. Margo ließ immer wieder Sachen fallen und zollte seinem Enthusiasmus nicht die gebührende Aufmerksamkeit.

»Ich weiß, was los ist – es ist dieser Junge mit ›dem Gesicht einer Frau und einer Haut wie Elfenbein‹, richtig? Ich habe die Zeilen gelesen, die du für ihn geschrieben hast. Wie heißt er denn?«, forschte Maurice nach.

»Steven, und er hat warme, mitteilsame Augen von der Farbe eines Flusses … Ich glaube, er ist einer von uns.« Sie seufzte.

Margo hatte ganz dreist einem Jungen namens Steven, der regelmäßig in das Blumengeschäft kam, Gedichte und Blumen geschickt, doch ihr fehlte der Mut, sie zu unterschreiben oder ihm ihre Nummer zu geben. Die Party schien ihr der richtige Anlass zu sein, ihm ihre Welt zu zeigen, doch sie zögerte, ihn einzuladen, weil sie davon ausging, dass er Nein sagen würde. Auch wenn in ihrem Reich der Liebe die übergeordnete Ebene mehr zählte, war es doch nicht egal, wenn man sich zu einem bestimmten Individuum hingezogen fühlte und von dessen Erwiderung abhängig war, und Maurice kannte nur eine Art, damit umzugehen:

»Süße, du wirst viele Herzen brechen, wenn du darauf beharrst, nur deins zu schützen, und dich weigerst zu glauben, dass es auch auf der anderen Seite deiner Bemühungen ein zerbrechliches geben könnte … NMBS! Bitte sei glücklich,

Margo. Bitte lade diesen armen Kerl auf die Party ein – und zwar schnell! Und wenn er auftaucht, vergiss bitte nicht, ihn nach seiner Passion zu fragen.«

Dies war eine der zahlreichen Gelegenheiten, bei denen Maurice Margo dabei half, sich lebendig und mutig zu fühlen – als flöge er mit ihr auf die andere Seite des Mondes. Sie lud Steven ein, und obwohl sie natürlich hoffte, dass er auch kam, reichte es schon, dass sie den Mut dazu aufgebracht hatte.

Die Gäste trafen alle zusammen ein, ein Schwarm lärmender, schonungslos lebendiger und erfrischender Geschöpfe, die Maurice und Margo angezogen hatten. Herzen, die sich an den Händen fassten, Leben, die noch mehr Leben suchten. Nick kümmerte sich um die Musik. Alle tanzten. Steven kam, bedankte sich bei Margo für die Gedichte und sagte, er wünschte, sie hätte unter das Erste, das sie ihm geschickt hatte, ihren Namen geschrieben. Maurice sah aus einer Ecke des Raums zu, wie sie sich unterhielten. Bevor er ging, fragte Steven Margo, ob sie am nächsten Samstag mit ihm ausging.

Sie zwinkerte Nick zu, der Maurice' Lieblingslied auflegte.

Margo zog Maurice am Arm und tanzte mit ihm, um ihn daran zu erinnern, dass sie das Herzstück waren. Dort, mitten in ihrem Wohnzimmer, fühlten sie sich als der Mittelpunkt der Welt, einer Welt, die sie und Maurice geschaffen hatten.

Die Party endete, fast ohne dass sie es merkten. Nick war wie immer der Letzte, der ging. Sie saßen auf der Veranda inmitten des Kerzenscheins.

»Los, die Party kann doch nicht schon vorbei sein, komm mit!«, sagte Maurice.

Sie rannten lachend und schreiend zum Pier, bis sie im Sand zusammenbrachen. Margo nahm Maurice' Hände und forderte ihn auf, zum Horizont zu blicken. Mit einem verzückten Gesichtsausdruck lehnte er sich an sie und hob die Augen mit einem Lächeln zu ihren, das sie, den Ozean und den ganzen Himmel einschloss. Seine Stirn strahlte Ruhe aus, und das Kinn neigte sich gerade so viel, um die Aufsässigkeit kundzutun, mit der er sie schon immer erobert hatte und von der sie hoffte, dass sie nie verschwinden würde.

»Meine Schöne«, sagte er sanft, sein Gesicht in ihrem vergraben, »ich will, dass wir der Macht vertrauen, uns auf die Seite des Lebens zu stellen, und den unbequemsten Formen seiner Ausdehnung. Lass uns die Verletzlichkeit willkommen heißen und daran glauben, dass es möglich ist, dass Menschen einander finden … Alles andere sind Kleinigkeiten … Lass uns einander versprechen, dass wir nicht aufgeben werden. Wir werden es nicht bereuen, da bin ich mir sicher.«

Es war eine perfekte Sommernacht mit einer unermesslichen Zahl an Sternen, die mit dem Funkeln aufgehört zu haben schienen, um zu lauschen. Es gab kaum ein Lüftchen und nur einen ganz leichten Wellengang. Sie hörten nichts als das Meer und in der Ferne Wale, die füreinander sangen.

»Ja, Maurice, das verspreche ich dir.«

So überzeugt waren sie, dass sie gerade begannen, die Standards zu setzen, nach denen sie leben würden. Partner im Glauben, spürten sie den Rausch der Jungen und Hoffnungsvollen.

Als sich die Morgendämmerung über dem violetten Himmel ausbreitete, trug Maurice sie nach Hause, wie in der Nacht ihrer ersten Begegnung. Er brachte sie ins Bett, mit einem langen Kuss auf ihre Stirn. Margo hielt seinem Blick stand, ohne ein Wort zu sagen. Maurice bedeckte ihre Augen mit den Händen und rührte sich nicht, bis sie tief und fest schlief. Bevor er sich neben sie legte, stellte er das Radio an.

Maurice hatte gerade angefangen, einen Roman zu schreiben, in den er all seine Theorien über die Liebe einfließen lassen wollte, als Margo beim Duschen ungewöhnliche Hautläsionen auf seinem Rücken entdeckte. Zuvor hatte er ein heftiges Fieber gehabt, das ihn nachts husten und schwitzen ließ und tagelang nicht verschwand. Es war das Biest. Um diese Zeit waren die drei am häufigsten betroffenen demografischen Kategorien Schwule, Junkies und Haitianer. Er machte einen Witz: »Was ist das Schwierigste daran, deiner Mutter zu erzählen, dass du AIDS hast? Sie davon zu überzeugen, dass sie aus Haiti stammt.«

Maurice traf sich mit Maria in einer Bar, nicht weit von ihrem Zuhause entfernt. Als Erstes das Ritual mit dem Buch und der Tomatensoße.

»Danke, Mutter. Margo und ich lieben deine Soße.«

»Du lebst immer noch mit diesem Mädchen zusammen? Wann wirst du heiraten und mit der Frau deines Lebens zusammenziehen?«

»Mum, ich bin krank.«

Eine Last so schwer wie ein ganzes Gebirge war von ihm genommen, als er seine schreckliche Nachricht überbracht hatte, doch anstatt sich wieder aufzurichten, stürzte er in einen Fluss der Traurigkeit, der aus seinen Augen überströmte. Maria hatte gewusst, dass ihrem Jungen das passieren würde, seit sie im Fernsehen von den ersten Fällen gehört hatte. Leider lief sie davor weg.

Der nächste Winter kam, und Maurice legte beim Schreiben einen Zahn zu. Obwohl sie nie darüber sprachen, wussten sie, dass er sich beeilen musste. Sie taten so, als wäre alles normal. Die Witze hörten nicht auf, und ebenso wenig das Malen auf der Tafel. Sie gaben seltener Partys, hatten aber immer das Haus voller Freunde. Sie summten und sangen unter der Dusche. Das Flüstern in der Nacht wurde tiefgründiger. Unglücklicherweise hörte Maurice' Zustand nicht auf, sich zu verschlechtern.

Eines Morgens wurde er als Notfall ins Krankenhaus gebracht, während Margo bei der Arbeit war. Nick hatte ihn bewusstlos und zitternd an seinem Schreibtisch gefunden. Er rief im Blumengeschäft an, und Margo eilte zu Maurice.

In jenen zerbrechlichen Momenten kostete es sie unendliche Mühe, überzeugend zu klingen, wenn sie ihm versicherte, dass er nicht bei ihr bleiben musste, um ihr Gesellschaft zu leisten.

Obwohl er kaum sprechen konnte, sagte er: »Denk daran, was wir beschlossen haben, Schätzchen … benutz deine Feinfühligkeit, um eine Welt aufzubauen, in der es genug Zeit und Raum für Poesie gibt …«

Margo nickte und umarmte ihn mit ihrem ganzen Selbst.

Dann konnte er gehen.

Margo hielt ihn im Arm, bis man ihn von ihr wegholte. Wieder zu Hause, schenkte sie sich ein Glas Gin ein, zündete sich eine Zigarette an und setzte sich an den Schreibtisch. Ihrer beider Mond schien in die Küche. Maurice hatte ein Foto von sich hervorgeholt, auf dem er als Kind am Strand einen Drachen steigen ließ. Seine Blätter lagen da, auf dem vordersten ein Gedicht:

> *Where have you been*
> *all this time?*
> *You show up now,*
> *the ungracious twist*
> *in my last joke*

You let me plot
verse onto the day,
shape hope
now you make me eat it all up
until I choke

Gossip has it things
blossom at the tip of life.
I don't know why,
that tip is every day,

Live or die.

Who's to tell me
it wasn't all a big lie?

Shut up, I don't believe you

and anyway, it's done
if it is true, tell no one ...

Ein Gedicht, mitten im Werden abgebrochen, genau wie sein Leben, als es gerade erst begonnen hatte, sich mehr oder weniger so zu entfalten, wie er es sich wünschte. Nick war der Zweite, der den Hut nahm. Auch Steven und ein halbes Dutzend von denen, die auf der Party waren, sind tot. Margo hat keine Ahnung, warum sie es nicht bekommen hat.

Das Versprechen zu halten, war nicht immer einfach. Maurice lebte nicht lang genug, um mit der Versuchung zu kämpfen, aufzugeben. Viele Male fühlte Margo sich allein und zerbrechlich, war kurz davor, einzuknicken.

Seit Margo Maurice begegnet war, hatte sie sich gezwungen, immer nach Bedeutung zu suchen, nach Nähe, nach Wahrhaftigkeit und Mitgefühl – und weigerte sich, weniger vom Leben zu erwarten. NMBS. Sie hatte verstanden, dass es unerlässlich war, sich hohe Ziele zu stecken, was die Erfüllung im eigenen Liebesleben anging. So musste sie also jeden Tag ihre tiefsten Gefühle hegen und davon zehren, an die Aufrichtigkeit ihrer Bedürfnisse und Absichten und die Belastbarkeit ihres Herzens glauben und sich in Zuversicht üben, um sie mit anderen zu teilen, trotz der Herausforderungen und obwohl es unsicher und unkonventionell war. Mit den Jahren stellte Margo fest, dass vor allem die jungen Leute immer desillusionierter von der Liebe wurden und mehr Angst hatten, sie zu entdecken und sich darauf einzulassen. Doch sie musste das Versprechen halten. So würde sie weiter von Gleichgesinnten umgeben und auch für diejenigen eine Inspiration sein, die nicht über dieselbe Erfahrung verfügten, aber vielleicht Führung benötigten. Das Streben nach der Wahrheit entpuppte sich als eine Gabe, kein Fluch.

Was gibt es noch zu tun? In der Welt der Intimität großzügig zu sein, ist riskant, wird letztendlich aber belohnt. Sie entschied sich für die Belohnungen. Es gibt keine andere Art zu leben, dachte sie.

Margo hört Maurice ihren Namen rufen. Sie weiß nicht, wie er das macht, aber er findet offenbar immer die beste Zeit, um zu reden.

Nach seinem Tod war Maurice schwer zu ersetzen. Als Margo Anthony begegnete, entdeckte sie Eigenschaften an ihm, die sie an Maurice erinnerten. Jenes Leben strömte aus jeder Zelle seines Körpers. Dass er nicht ungläubig wegschaute, wenn jemand ihm Wärme anbot. Dass er die unverwüstliche Fähigkeit besaß, sich in die Intimität fallen zu lassen, weil sie da und harmlos war und es keinen Grund gab,

Angst davor zu haben, wenn keine Absicht besteht, jemandem wehzutun.

Margo vermutete, dass es ein Geschenk direkt aus dem Feenhimmel war, dass Anthony neben ihr auf einer Bank saß und sich mit frechem Gesichtsausdruck an sie lehnte, wenn sie ihn anlächelte. Sie wusste, bei Anthony konnte sie sie selbst sein. Seit Maurice hatte sie sich bei niemandem mehr sicher genug gefühlt, um lange zu schlafen.

Margo steigt ins Bett und erinnert sich daran, wie es war, neben Maurice zu liegen, seinen Atem zu spüren, seine Beine um sie geschlungen, wenn er mit ihr Löffelchen schlief. Sie hört die Töne seines Summens und wird an ihren Plan erinnert.

Wenn sie ihre ganze Aufmerksamkeit darauf richtet und die Augen schließt, kann sie Maurice seine Meinung über ihre derzeitige Welt murmeln hören. Maurice wäre mit Anthony voll und ganz einverstanden und keineswegs eifersüchtig. Er würde Margo drängen, ihn zu Gin und Zigaretten zu sich einzuladen und zulassen, dass er es war, dem sie nun von ihren Tagen erzählte.

»Und was gibt es jetzt noch für dich zu tun, Süße? Er ist einer von uns. Wenn jemand so Seltenes wie dieser junge Mann in deinem Leben auftaucht, kannst du nur JA sagen. Und wenn wir Ja sagen, meinen wir es auch, richtig?«

»Richtig, Maurice. Verdammt richtig«, sagt Margo. Es gibt nichts mehr zu tun, als JA zu sagen!

DANK

Dieses Buch hatte einen langen Entstehungsweg, und weil wir auf dem Feld der Nähe nie auslernen, kann es ebenso gut sein, dass es noch gar nicht fertig und nur ein Vorgeschmack auf künftige Betrachtungen ist. Während meiner Forschungen konnte ich auf die hervorragenden Dienste einiger Bibliotheken zählen. In Berlin die Bibliothek des Wissenschaftskollegs und in Dublin die des Trinity Colleges. Besonders dankbar bin ich für die LexIcon-Bibliothek in Dún Laoghaire, wo ich, vor allem zur Vollendung des Buchs hin, viele Stunden verbracht habe und mir selbst die längsten Schreibtage durch den Charme ihres Personals und die Erhabenheit der Räumlichkeiten versüßt wurden.

Ich möchte Claudia Connal danken, die die anfängliche Idee zu *Nähe* bei Little, Brown begrüßt hat und mir eine eingehende redaktionelle Führung zuteilwerden ließ. Ich danke auch Jillian Young für die elegante Beförderung dieses Buchs durch seine letzten Phasen vor der Veröffentlichung.

Ich bin allen bei Conville and Walsh dankbar, insbesondere Alexander Cochrane, Alexandra McNicoll und Jake Smith-Bosanquet aus dem Team für Auslandslizenzen für ihre außergewöhnliche Art, jedes neue Buchprojekt, das auf ihrem Schreibtisch landet, positiv aufzunehmen.

Ich hatte das Glück, mit vielen Menschen wiederholt über Nähe plaudern zu können. Um nur einige zu nennen: Noga Arikha, Dominique Caillat, Ilaria Cicchetti-Nilsson, Rose-Anne Clermont, Marco Giugliano, Jonas Ihle, David Krippendorf, William Mulligan, Jamie O'Neill, Ida Panicelli, Enza Ragusa, Donna Stonecipher und Katharina Wiedemann.

Ein Meer voll Dankbarkeit meiner liebsten Freundin Candace Vogler, mit der ich eine anregende Unterhaltung über Nähe führe, die vor einem Jahrzehnt in Berlin begann und zu meinem größten Glück bis heute andauert.

Ich danke David Halperin, der eine wahre Auden-Jukebox ist, dafür, dass er mich das Gedicht *The Lesson* hat entdecken und wertschätzen lassen, und für aufschlussreiche Dialoge während seiner Residenz am Wissenschaftskolleg.

Besonderen Dank an meine reizenden, großzügigen Nachbarn in meiner neuen Heimat in Irland, Ken und Hazel Henderson und Frances Stark, dafür, dass sie mich in den stressigsten Zeiten bis zum Gehtnichtmehr mit Ermutigungen verwöhnt haben, und für ihre freundliche Aufnahme.

Noga Arikha, Stephanie Brancaforte, William Mulligan, Ida Panicelli und Donna Stonecipher lesen geduldig Entwürfe von Kapiteln, und ich bin dankbar für ihre äußerst hilfreichen Kommentare und Kritik. Außerdem möchte ich Enrico Glerean für das Gegenlesen von »Zeitsprünge« danken.

Ohne Carrie Kania, meine Literaturagentin, würde dieses Buch nicht existieren. Ich bin ihr unendlich dankbar für ihre unermüdliche Arbeit, ihren Rat und ihre Neugierde und für ihre feinsinnige Aufmerksamkeit für Verschiebungen und Windungen in meiner Inspiration.

Großer Dank und meine Liebe gilt meiner Familie.

ANMERKUNGEN

SCHIDDUCH
ÜBER EINSAMKEIT

1 M. Mcpherson, L. Smith-Lovin und M. E. Brashears, »Social isolation in America: Changes in core discussion networks over two decades«, in: *American Sociological Review*, 71 (2006), S. 353–75.

2 Daten aus einem Bericht des Office for National Statistics: http://www.dailymail.co.uk/news/article-2661258/Lonely-Britain-EU-league-table-shows-dont-know-neighbours-no-one-turn-crisis.html.

3 Eine Zusammenfassung der enormen gesundheitsschädlichen Auswirkungen von Einsamkeit finden Sie in den folgenden Berichten, Metaanalysen und Originalabhandlungen: J. Holt-Lunstad, T. B. Smith, M. Baker, T. Harris und D. Stephenson, »Loneliness and social isolation as risk factors for mortality: a meta-analytic review«, in: *Perspectives on Psychological Science*, 10 (März 2015), S. 227–37; S. Cacioppo, J. P. Capitanio und J. T. Cacioppo, »Toward a neurology of loneliness«, in: *Psychological Bulletin*, 140 (2014), S. 1464–504; J. T. Cacioppo und S. Cacioppo, »Social relationships and health: the toxic effects of perceived social isolation«, in: *Social and Personality Psychology Compass*, 8 (2014), S. 58–72; J. Holt-Lunstand, T. B. Smith und J. B. Layton, »Social relationships and mortality risk: a meta-analytic review« in: *PLoS Medicine*, 7, (2010), e1000316. Ein ausführliches Buch über die Neurobiologie der Einsamkeit und menschlichen Verbindung ist: J. T. Cacioppo und W. Patrick, *Einsamkeit. Woher sie kommt, was sie bewirkt, wie man ihr entrinnt*, Heidelberg 2011.

4 L. C. Hawkley, K. J. Preacher, J. T. Cacioppo, »Loneliness impairs daytime functioning but not sleep duration«, in: *Health Psychology*, 29 (2010), S. 124–9.

5 J. T. Cacioppo, M. H. Hughes, L. J. Waite, L. C. Hawkley und R. A. Thisted, »Loneliness as a specific risk factor for depressive symptoms:

cross-sectional and longitudinal analyses«, in: *Psychology and Aging,* 21 (2006), S. 140–51; E.K. Adam, L.C. Hawkley, B.M. Kudielka und J.T. Cacioppo, »Day-to-day dynamics of experience-cortisol associations in a population-based sample of older adults«, in: *Proceedings of the National Academy of Sciences,* 103 (2006), S. 17058–63; L.C. Hawkley, S.W. Cole, J.P. Capitanio, G.J. Norman und J.T. Cacioppo, »Effects of social isolation on glucocorticoid regulation in social mammals«, in: *Hormones and Behavior,* 62 (2012), S. 314–23.

6 L.C. Hawkley, R.A. Thisted, C.M. Masi und J.T. Cacioppo, »Loneliness predicts increased blood pressure: 5-year cross-lagged analyses in middle-aged and older adults«, in: *Psychology and Aging,* 25 (2010), S. 132–41.

7 S.W. Cole, L.C. Hawkley, J.M.G. Arevalo und J.T. Cacioppo, »Transcript origin analysis identifies antigen-presenting cells as primary targets of socially regulated gene-expression in leukocytes«, in: *Proceedings of the National Academy of Sciences,* 108 (2011), S. 3080–85; L.M. Jamerka, C.P. Fagundes, J. Peng, J.M. Bennett, R. Glaser, W.B. Malarkey und J.K. Kiecolt-Glaser, »Loneliness promotes inflammation during acute stress«, in: *Psychological Science,* 24 (2013), S. 1089–97.

8 R.S. Wilson, K.R. Krueger, S.E. Arnold, J.A. Schneider, J.F. Kelly, L.L. Barnes et al., »Loneliness and risk of Alzheimer's disease«, in: *Archives of General Psychiatry,* 64 (2007), S. 234–40.

9 Eine Beschreibung der Pseudo-Dyspnoe finden Sie auf der Website von Dr. Hanna Saadah: http://www.hannasaadah.com/blog/medical/false-shortness-of-breaht-pseudo-dyspnea-december-12/.

10 Dies sind die Grundsätze der verkörperten Kognition. Für eine Einführung in die Einschreibung der Intimität innerhalb der verkörperten Kognition lesen Sie: K. Maclaren, »Intimacy and embodiment: an introduction«, in: *Emotion, Space and Society. Special Issue on Intimacy,* 13 (2014), S. 55–64.

11 B.W. Kok, K.A. Coffey, M.A. Cohn, L.I. Catalino, T. Vacharkullemsuk, S.B. Algoe, M. Brantley und B.L. Fredrickson, »How positive emotions build physical health: perceived positive social connections account for the upward spiral between positive emotions and vagal tone, in: *Psychological Science,* 24 (2013), S. 1123–32; B.E. Kok und B.L. Fredrickson, »Upward spirals of the heart: autonomic flexibility,

as indexed by vagal tone, reciprocally and prospectively predicts positive emotions and social connectedness«, in: *Biological Psychology*, 85 (2010), S. 432–6. Diese Experimente habe ich auch beschrieben im Kapitel 6 meines Buchs *Der Gefühlscode. Die Entschlüsselung unserer Emotionen*, München: Hanser 2014, S. 249–97.

12 L. Dobrek, M. Nowakowski, M. Mazur, R. M. Herman und P. J. Thor, »Disturbances of the parasympathetic branch of the autonomic nervous system in patients with gatroesophageal reflux disease (GERD) estimated by short-term heart-rate variability recordings«, in: *Journal of Physiology and Pharmacology*, 55. Suppl. 2 (2004), S. 77–90; R. Fass und G. Tougas, »Functional heartburn: the stimulus, the pain, and the brain«, in: *Gut*, 51 (2002), S. 885–92.

13 Es existiert umfassende Literatur, die zeigt, wie sich die Liebe entwickelt und dass sie in arrangierten Ehen in jüdischen Gemeinden und anderswo länger hält. Zwei große Studien, durchgeführt von Robert Epstein und Kollegen über verheiratete Paare aus zwölf unterschiedlichen Ländern und sechs verschiedenen Religionen haben gezeigt, dass Liebe in Abwesenheit anfänglicher romantischer Beteiligung mit der Zeit wachsen kann, und einige der Faktoren identifiziert, die dieses Wachstum unterstützen. Dazu gehören: Kinder, Verbindlichkeit, Rücksichtnahme, Vergeben, Opferbereitschaft und Humor. Siehe: R. Epstein, M. Pandit und M. Thakar, »How love emerges in arranged marriages: two cross-cultural studies«, in: *Journal of Comparative Family Studies*, 44 (2013), S. 341–60. Näheres zum Zusammenhang zwischen Zeit und Nähe siehe auch Kapitel 2 (»Zeitsprünge«).

14 Die Daten über die Ehe stammen aus einer Schrift mit dem Titel »Historical Marriage Trends from 1890–2010: A Focus on Race Differences« von Diana B. Elliott, Kristy Krivickas, Matthew W. Brault und Rose M. Kreider und wurden auf der Website des statistischen Bundesamtes der USA veröffentlicht: https://www.census.gov/hhes/soc demo/marriage/data/acs/ElliottetalPAA2012paper.pdf. Letzter Zugriff: 3. November 2015.

15 Hier war, anders als beim Durchschnittsalter bei der ersten Eheschließung, der Prozentsatz der Personen, die im Alter von 35 (und auch 45) Jahren noch nie verheiratet gewesen waren, nicht in den 1950ern am niedrigsten, sondern in den 1980ern. Die Autoren der Umfrage argumentieren, dass das genau an dem frühen Eheeintritt der 1950er liegt.

16 https://www.destatis.de/DE/PresseService/Presse/Pressemitteilun
    gen/2014/05/PD14_185_122.html.

17 Eine hervorragende Quelle bezüglich des Wunsches, Ungewissheit zu
    verstehen und damit klarzukommen, ist Helga Nowotny, *The Cunning
    of Uncertainty*. Cambridge: Polity Press (2015).

18 C.L. Pickett und W.L.Gardner, »The social monitoring system:
    enhanced sensitivity to social cues as an adaptive response to social
    exclusion«, in: K.D. Williams, J.P. Forgas und W. von Hippel (Hrsg.),
    *The Social Outcast: Ostracism, Social Exclusion, Rejection, and Bully-
    ing*, New York: Psychology Press (2005), S. 214–26.

19 J.T. Cacioppo, J.M. Ernst, M.H. Burleson, M.K. McClintock, W.B.
    Malarkey, L.C. Hawkley, R.B. Kowaleski, A. Paulsen, J.A. Hobson,
    K. Hugdahl, D. Spiegel und G.G. Bernston, »Lonely traits and conco-
    mitant physiological processes: the MacArthur social neuroscience
    studies«, in: *International Journal of Psychophysiology*, 35 (2000),
    S. 143–54. Eine umfassende Studie, die sich Unterschiede zwischen
    einsamen und nicht einsamen Erwachsenen in Optimismus, Anspre-
    chen auf soziale Interaktionen, Stressbewältigung, Aufmerksamkeits-
    kontrolle, autonomische und neuroendokrine Funktion und Schlaf-
    muster angesehen hat.

20 J.T. Cacioppo, C.J. Norris, G. Monteleone, H. Nusbaum, »In the eye of
    the beholder: individual differences in perceived social isolation pre-
    dict regional brain activation to social stimuli«, in: *Journal of Cognitive
    Neuroscience*, 21 (2009), S. 83–92.

21 Cacioppo et al., (2000) a.a.O.

22 E. Illouz, *Warum Liebe weh tut. Eine soziologische Erklärung*, Berlin
    2011, Kapitel 3.

23 B. Schwartz und A. Ward, »Doing better but feeling worse: the para-
    dox of choice«, in: P.A. Linley und S. Joseph (Hrsg.), *Positive Psycho-
    logy in Practice*, Hoboken, NJ: Wiley 2004, S. 86–104.

24 Blaise Pascal, *Kleine Schriften zur Religion und Philosophie*, Hamburg:
    Felix Meiner Verlag 2005, übersetzt von Ulrich Kunzmann, S. 369.

25 Wie Illouz in ihrem Kapitel über Bindungsphobie illustriert, sind dies
    die Fallstricke dessen, was Psychologen Affective Forecasting nennen.
    Siehe: T.D. Wilson, »Don't think twice, it's all right«, in: *New York
    Times*, 29. Dezember 2005: http://www.nytimes.com/2005/12/29/
    opinion/dont-think-twice-its-all-right.html?_r=0.

Eine der im Artikel erwähnten Originalabhandlungen ist: T. D. Wilson und D. Kraft, »Why do I love thee? Effects of repeated introspections about a dating relationship«, in: *Personality and Social Psychology Bulletin*. 19 (1993), S. 409–18.

26 A. Courtiol, S. Picq, B. Godelle, M. Raymond und J. B. Ferdy, »From preferred to actual mate characteristics: the case of human body shape«, in: *PLoS One*, 5 (9) (2010), e13 010.

27 D. M. Buss, »Sex differences in human mate preference: evolutionary hypotheses tested in 37 cultures«, in: *Behavioral Brain Science*, 12 (1989), S. 1–49.

28 Schwartz und Ward, (2004) a. a. O.

29 H. Ruan und C. F. Wu, »Social interaction-mediated lifespan extension of Drosophila Cu/zn superoxide dismutase mutants«, in: *PNAS*, 105 (2008), S. 7506–10.

30 Siehe zum Beispiel: A. Moles, B. L. Kieffer und F. R. D'Amato, »Deficit in attachment behavior in mice lacking the mu-opioid receptor gene«, in: *Science*, 304 (2004), S. 1983–6. Diese Studie zeigt die Bedeutung des Opioidsystems bei der Modulation des Bindungsverhaltens zwischen einer Mutter und ihren Jungen. Sowohl Mäuse als auch Primaten, die einen Mangel im Opioidstoffwechsel aufweisen, zeigen eine größere Gleichgültigkeit bei Abwesenheit ihrer Mutter. Sie erleben die Trennung als weniger qualvoll. Unterschiede auf Ebene des Bindungsverhaltens im Zusammenhang mit Opioiden sind auch bei Menschen zu beobachten: C. S. Barr, M. L. Schwandt, S. G. Lindell, J. D. Higley et al., »Variation at the mu-opioid receptor gene (OPRM1) influences attachment behavior in infant primates«, in: *PNAS*, 105 (2008), S. 5277–81; A. Troisi, G. Frazzetto, V. Carola, G. Di Lorenzo, M. Coviello, A. Siracusano und C. Gross, »Variation in the mu-opioid receptor gene (OPRM1) moderates influence of early maternal care on fearful attachment«, in: *Social Cognitive and Affective Neuroscience*, 7 (2012), S. 542–7.

31 C. Kuhn und S. Schanberg, »Responses to maternal separation: mechanisms and mediators«, in: *International Journal of Developmental Neuroscience*, 16 (1998), S. 261–70.

32 Harry F. Harlow, »Love in infant monkeys«, in: *Scientific American*, 200 (Juni 1959).

33 T. Field, M. Diego und M. Hernandez-Reif, »Preterm infant massage therapy research: a review«, in: *Infant Behavior and Development*, 33 (2010), S. 115–24.

34 L. M. Forsell und J. A. Åström, »Meanings of hugging: from greeting behavior to touching implications«, in: *Comprehensive Psychology*, 1 (2012), S. 1–6.

35 J. A. Coan, H. S. Schaefer und R. J. Davidson, »Lending a hand. Social regulation of the neural response to threat«, in: *Psychological Sciences*, 17 (2006), S. 1032–9. Die Aktivierung der an der Stressantwort beteiligten Gehirnregionen verminderte sich ebenfalls, wenn die Teilnehmerinnen ihren Ehemännern die Hand hielten, und je glücklicher die Ehe, desto besser der Effekt.

36 T. M. Field, M. Hernandez-Reif, O. Quintino, S. Schanberg und C. Kuhn, »Elder retired volunteers benefit from giving massage therapy to infants«, in: *Journal of Applied Gerontology*, 17 (1998), S. 229–39.

37 Die in dieser Studie untersuchten Neuronen sind Teil des dopaminergen Systems. Wie ich in »Zeitsprünge« ausführlicher erkläre, ist der Neurotransmitter Dopamin an sozialer Belohnung beteiligt und wird in Gehirnregionen wie dem ventralen Tegmentum produziert, wenn wir Lust und in frühen romantischen Phasen Liebe und Zuneigung erwarten. Die in dieser Studie über die Reaktion auf Einsamkeit untersuchten dopaminergen Neuronen sind diejenigen im dorsalen Raphe-Kern. G. A. Matthews, E. H. Nieh, C. M. Vander Weele, S. A. Halbert, R. V. Pradhan, A. S. Yosafat, G. F. Glober, E. M. Izadmehr, R. E. Thomas, G. D. Lacy, C. P. Wildes, M. A. Ungless und K. M. Tye, »Dorsal raphe dopamine neurons represent the experience of social isolation«, in: *Cell*, 164 (2016), S. 617–31.

ZEITSPRÜNGE
ÜBER LIEBE ALS PROZESS

1 R. A. Nelson, D. D. McCarthy, S. Malys, J. Levine, B. Guinot, H. F. Fliegel, R. L. Beard und T. R. Bartholomew, »The leap second: its history and possible future«, in: *Metrologia*, 38 (2001), S. 509–29.

2 Rainer Maria Rilke, *Briefe aus den Jahren 1892–1904*, Leipzig: Insel 1939, S. 446.

3 D. M. Eagleman, P. U. Tse, D. Buonomano, P. Janssen, A. C. Nobre,

A. O. Holcombe, »Time and the brain: how subjective time relates to neural time«, in: *Journal of Neuroscience*, 25 (2005), S. 10 369–71.

4   M. I. Posner, »Timing the brain: mental chronometry as a tool in neuroscience«, in: *PLoS Biology*, 3 (2005), 2 e51.

5   Ausführlicher habe ich das in Kapitel 2 meines Buchs *Der Gefühlscode*, München 2014, beschrieben. Einen gründlichen überarbeiteten Überblick über die Klassifizierungslehre der geistigen Funktion und Dynamik neuronaler Netzwerke finden Sie in: M. L. Anderson, *After Phrenology. Neural Reuse and the Interactive Brain*, Boston, Mass.: MIT Press 2015. Siehe auch: S. Hamann, »Mapping discrete and dimensional emotions onto the brain: controversies and consensus«, in: *Trends in Cognitive Sciences*, 16 (2012), S. 458–66.

6   C. E. Waugh, J. P. Hamilton und I. H. Gotlib, »The neural temporal dynamics of the intensity of emotional experience«, in: *NeuroImage*, 49 (2010), S. 1699–1707.

7   Einen Überblick der zeitlichen Dynamiken des geistigen Lebens, der Gehirnfunktion und sozialer Interaktionen finden Sie in: R. Hari und L. Parkkonen, »The brain timewise: how timing shapes and supports brain function«, in: *Philosophical Transactions of the Royal Society B*, 370 (2015), 20 140 170, 1–10; R. Hari, L. Parkkonen und C. Nangini, »The brain in time: insights from neuromagnetic recordings«, in: *Annals of the New York Academy of Sciences*, 1191 (2010), S. 89–109.

8   B. S. Schuyler, T. R. A. Kral, J. Jacquart, C. A. Burghy, H. Y. Weng, D. M. Perlman et al., »Temporal dynamics of emotional responding: amygdala recovery predicts emotional traits«, in: *Social Cognitive and Affective Neuroscience*, 9 (2014), S. 176–81.

9   G. J. Siegle, S. R. Steinhauer, M. E. Thase, V. A. Stenger und C. S. Carter, »Can't shake that feeling: event-related fMRI assessment of sustained amygdala activity in response to emotional information in depressed individuals«, in: *Biological Psychiatry*, 51 (2002), S. 693–707.

10 Einen Überblick der Methoden, um Nähe und Intimität zu erzeugen, finden Sie in: R. Epstein, »How science can help you fall in love«, in: *Scientific American*, (Januar/Februar 2010), S. 26–33.

11 A. Aron, E. Melinat, E. N. Aron, R. D. Vallone und R. J. Bator, »The experimental generation of interpersonal closeness: a procedure and some preliminary findings«, in: *PSPB*, 23 (1997), S. 363–77. Der Artikel führt alle Fragen auf, die im Verlauf gestellt wurden.

12 Forschung von Prof. Richard Wiseman, wie im *Daily Telegraph* berichtet: http://www.telegraph.co.uk/news/science/science-news/93730 87/Watch-out-lotharios-Faking-romantic-feelings-can-actually-lead -to-the-real-thing.html; R. Wiseman, *Rip It Up: Forget Positive Thinking, It's Time For Positive Action*, London: Macmillan 2015.

13 Jemand anderem in die Pupille zu schauen, aktiviert Hirnareale, die die Belohnungsvorhersage verarbeiten; K. Kampe, C. D. Frith, R. J. Dolan und U. Frith, »Reward value of attractiveness and gaze«, in: *Nature*, 413 (2001), S. 589.

14 J. C. Cooper, S. Dunne, T. Furey und J. P. O'Doherty, »Dorsomedial prefrontal cortex mediates rapid evaluations predicting the outcome of romantic interactions«, in: *Journal of Neuroscience*, 32 (2012), 15 647–56.

15 Der Forscher Robert Epstein hat in seinen Psychologiekursen ausgiebig »Liebesübungen« angewendet, und 90 Prozent seiner Studenten berichteten von Verbesserungen in ihren Beziehungen, Epstein (2010) a. a. O. Epstein hat Studien über verheiratete Paare aus zwölf verschiedenen Ländern und sechs verschiedenen Religionen durchgeführt und einige der Faktoren identifiziert, die ein Wachstum der Liebe fördern: Kinder, Verbindlichkeit, Rücksichtnahme, Vergeben, Opferbereitschaft und Humor; R. Epstein, M. Pandit und M. Thakar, »How love emerges in arranged marriages: two cross-cultural studies«, in: *Journal of Comparative Family Studies*, 44 (2013), S. 341–60.

16 Helen Fisher hat ausführlich über die Neurochemie verschiedener Stadien der Liebe geschrieben in ihrem Buch: *Warum wir lieben. Die Chemie der Leidenschaft*, Düsseldorf und Zürich: Walter Verlag 2005. Siehe auch: T. R. Insel und L. J. Young, »The neurobiology of attachment«, in: *Nature Reviews Neuroscience*, 2 (2001), S. 129–36.

17 Ich habe das in Kapitel 7 meines letzten Buchs *Der Gefühlscode*, München 2014 beschrieben. Einen umfassenden Überblick über die Rolle von Oxytocin und Vasopressin in verschiedenen Arten von Bindungsverhalten – von der Eltern-Kind-Bindung bis zu Freundschaft und romantischen Verbindungen – finden Sie in: R. Feldman, »Oxytocin and social affiliation in humans«, in: *Hormones and Behavior*, 61 (2012), S. 380–91; S. Carter, »Neuroendocrine perspectives on social attachment and love«, in: *Psychoneuroendocinology*, 23 (1998), S. 779–818; L. J. Young und L. M. Flanagan-Cato, Editorial Comment:

»Oxytocin, vasopressin and social behavior«, in: *Hormones and Behavior*, 61 (2012), S. 227–9.

18 T. R. Insel, »The challenge of translation in social neuro-science«, in: *Neuron*, 65 (2010), S. 768–79; T. R. Insel, »Oxytocin – a neuropeptide for affiliation: evidence from behavioural, receptor autoradiographic, and comparative studies«, in: *Psychoneuroendocrinology*, 17 (1992), S. 3–35. Je nach Situation verstärken oder dämpfen Dopamin, Oxytocin und Vasopressin ihre Funktionen gegenseitig. Zum Beispiel stört Oxytocin das Dopamin, indem es sich an die Dopaminrezeptoren im Nucleus accumbens bindet und dabei Belohnungsmechanismen blockiert.

19 Mit ein paar ähnlichen Geschlechterunterschieden produzieren sowohl Männer als auch Frauen Oxytocin und Vasopressin. Eine Studie hat gezeigt, dass Mütter und Väter während der ersten sechs Monate ihrer Elternschaft dieselben erhöhten Oxytocinspiegel im Blut aufweisen: I. Gordon, O. Zagoory-Sharon, J. F. Leckman und R. Feldman, »Oxytocin and the Development of Parenting in Humans«, in: *Biological Psychiatry*, 68 (2010), S. 377–382; mehr zur Rolle des Oxytocin und Vasopressin bei der mütterlichen und elterlichen Fürsorge, auch in Verbindung mit selektiver Gehirnaktivität, finden Sie in: »Abschied eines Zauberers«.

20 I. Schneiderman, O. Zagoory-Sharon, J. F. Leckman und R. Feldman, »Oxytocin during the initial stages of romantic attachment: relations to couples' interactive reciprocity«, in: *Psychoneuroendocrinology*, 37 (2012), S. 1277–85; die Forscher maßen nicht die Oxytocinspiegel der Teilnehmer vor der Entstehung ihrer Bindung, weshalb sie nicht bestätigen können, ob das erhöhte Oxytocin eine direkte Folge des Beginns der Beziehung war oder ein bereits vorher existierendes Merkmal, das ihr Verlieben erst ermöglicht hat.

21 Siehe ein Artikel von Luciana Gravotta: »Be mine forever: oxytocin may help build long-lasting love«, in: *Scientific American*, 12. Februar 2013, http://www.scientificamerican.com/article/be-mine-forever-oxytocin/.

22 B. Ditzen, M. Schaer, B. Gabriel, G. Bodenmann, U. Ehlert und M. Heinrichs, »Intranasal oxytocin increases positive communication and reduces cortisol levels during couple conflict«, in: *Biological Psychiatry*, 65 (2009), S. 728–31. Jenseits von Messungen auf Hormonebene bestätigt die genetische Variation für Oxytocin und Vasopressin deren Rolle bei der Modulation individueller Unterschiede im Sozialverhalten. Ein Überblick, wie die Variation bei Oxytocin- und Vasopressin-bezogenen Genen das Sozial- und Paarungsverhalten verändert, finden Sie in: R. P. Ebstein, A. Knafo, D. Mankuta, S. H. Chew und P. S. Lai, »The contributions of oxytocin and vasopressin pathway genes to human behavior«, in: *Hormones and Behavior*, 61 (2012), S. 359–79.

23 P. Mangan und P. Bolinskey, »Underestimation of time during normal aging: the result of the slowing of a dopaminergic regulated internal clock?«, Abhandlung, die beim jährlichen Treffen der Society for Neuroscience vorgelegt wurde (1997).

24 W. H. Meck, »Neuropharmacology of timing and time perception«, in: *Cognitive Brain Research*, 3 (1996), S. 227–42.

25 Siehe folgender Artikel von Sarah Blakeslee: http://www.nytimes. com/1998/03/24/science/running-late-researchers-blame-aging-brain.html?pagewanted=all&src=pm; siehe auch: N. D. Volkow, R. C. Gur, G. J. Wang, J. S. Fowler, P. J. Moberg, Y. S. Ding, R. Hitzemann, G. Smith und J. Logan, »Association between decline in brain dopamine activity with age and cognitive and motor impairment in healthy individuals«, in: *American Journal of Psychiatry*, 155 (1998), S. 344–9. Belege für einen allgemeinen Rückgang der dopaminergen Regulation im Belohnungssystem, siehe auch: J. C. Dreher, A. Meyer-Lindenberg, P. Kohn und K. F. Berman, »Age-regulated changes in mid-brain dopaminergic regulation of the human reward system«, in: *PNAS*, 105 (2008), S. 15106–11.

26 T. H. Rammsayer, »Effects of body core temperature and brain dopamine activity on timing processes in humans«, in: *Biological Psychology*, 46 (1997), S. 169–92.

27 E. Ferrer und J. L. Helm, »Dynamical systems modelling of physiological coregulation in dyadic interactions«, in: *International Journal of Psychophysiology*, 88 (2013), S. 296–308; J. L. Helm, D. Sbarra und E. Ferrer, »Assessing cross-partner associations in physiological responses via coupled oscillator models«, in: *Emotion*, 12 (2012), S. 748–62.

28 A. Z. Zivotofsky und J. M. Hausdoff, »The sensory feedback mechanisms enabling couples to walk synchronously: an initial investiga-

tion«, in: *Journal of Neuroengineering and Rehabilitation*, 4 (2007), S. 28. Ohne dass sie dahingehend angewiesen wurden, nehmen Personen, die noch nie Seite an Seite gelaufen sind, in etwa 50 Prozent der Fälle einen synchronisierten Gang an.

29 L. K. Miles, L. K. Nind und C. N. Mcrae, »The rhythm of rapport: interpersonal synchrony and social perception«, in: *Journal of Experimental Social Psychology*, 45 (2009), S. 585–9.

30 S. Cacioppo, H. Zhou, G. Monteleone, E. A. Majaka, K. A. Quinn, A. B. Ball, G. J. Norman, G. R. Semin und J. T. Cacioppo, »You are in sync with me: neural correlates of interpersonal synchrony with a partner«, in: *Neuroscience*, 277 (2014), S. 842–58.

31 Die Spieler saßen in verschiedenen Räumen und waren über die Computer vernetzt. Die Synchronisationsergebnisse wurden durch eine Gehirn-Bildgebung unterstützt, die, wie zu erwarten war, eine Synchronie aufdeckte in Verbindung mit dem konkomitierenden Recruitment der Hirnregionen, die an der verkörperten Kognition, Aktionsbeobachtung sowie der Verarbeitung von Grenzen zwischen dem Selbst und anderen beteiligt sind, etwa das linke, untere Parietalläppchen, der ventromediale präfrontale Kortex und Teile des parahippocampalen Gyrus (Cacioppo et al., ibd.).

32 U. Hasson, Y. Nir, I. Levy, G. Fuhrmann und R. Malach, »Intersubject synchronization of cortical activity during natural vision«, in: *Science*, 303 (2004), S. 1634–40; L. Nummenmaa, E. Glerean, M. Viinikainen, I. Jääskeläinen, R. Jari und M. Sams, »Emotions promote social interaction by synchronizing brain activity across individuals«, in: *PNAS*, (2012), S. 9599–604. Anmerkung: Diese und die beiden nächsten zitierten Studien beruhen nicht auf Beobachtungen von Paaren oder Teams aus Individuen, die die Ausschnitte zusammen im selben Raum und zur selben Zeit gesehen haben. Vielmehr zeichnen sie die Angleichung emotionaler Reaktionen bei Gruppenteilnehmern auf, die die Ausschnitte separat gesehen haben. Eine geeignete Messung und Interpretation der Synchronisation wird gesichert durch eine Moment-to-moment-Aufzeichnung ihrer Gehirnreaktionen und subjektive Erfahrungen mit den emotionalen Ereignissen während und nach der Vorführung des Ausschnitts.

33 J. M. Lahnakoski, E. Glerean, I. P. Jääskeläinen, J. Hööna, R. Hari, M. Sams und L. Nummenmaa, »Synchronous brain activity across individuals underlies shared psychological perspectives«, in: *NeuroImage*, 100 (2014), S. 316–24.

34 L. Nummenmaa, H. Saarimäki, E. Glerean, A. Gotsopoulos, I. Jääske-läinen, R. Hari und M. Sams, »Emotional speech synchronises brains across listeners and engages large-scale dynamic brain networks«, in: *NeuroImage*, 102 (2014), S. 498–509. Die Synchronität wurde zwischen Bereichen im limbischen System und dem präfrontalen und dem orbitofrontalen Kortex beobachtet.

35 Ziyad Marar hat ein Kapitel in seinem Buch *Intimacy. Understanding the Subtle Power of Human Connection*, Durham: Acumen 2012, Kapitel 7 »A complicated kindness« der schwierigen Aufgabe gewidmet, ein Gleichgewicht der Freundlichkeit in intimen Beziehungen zu erreichen.

36 G. J. Stephens, L. J. Silbert und U. Hasson, »Speaker-listener neural coupling underlies successful communication«, in: *Proceedings of the National Academy of Sciences of the USA*, 107 (2010), 14 425–30; S. Dikker, L. J. Silbert, U. Hasson und J. D. Zevin, »On the same wavelength: predictable language enhances speaker-listener brain-to-brain synchrony in posterior superior temporal gyrus«, in: *Journal of Neuroscience*, 34 (2014), S. 6267–72.

37 Eine spannende Zusammenfassung über das Abwechseln bei der Unterhaltung finden Sie im Artikel von Ed Yong in *The Atlantic:* http://www.theatlantic.com/science/archive/2016/01/the-incredible-thing-we-do-during-conversations/422439/; ein gründlicher, wissenschaftlicher Überblick siehe: S. Levinson, »Turn-taking in human communication – origins and implications for language processing«, in: *Trends in Cognitive Sciences*, 20 (2016), S. 6–14.

38 In einer faszinierenden Studie hat der Neurowissenschaftler Onur Güntürkün Paare beobachtet, die sich an Flughäfen, Bahnhöfen und anderen öffentlichen Orten in verschiedenen Ländern auf den Mund küssten. Zwei Drittel davon neigten durchgehend den Kopf dabei nach rechts, offenbar unabhängig von ihrer Händigkeit. O. Güntürkün, »Human behaviour: adult persistence of head-turning symmetry«, in: *Nature*, 421 (2003), S. 6924.

39 Eine umfassende und detaillierte Beschreibung der Anatomie, Psychologie und Neurochemie hinter einem Kuss: S. Kirshenbaum, *The Science of Kissing*, New York: Grand Central Publishing 2011. Darin

mit Bezug auf die Verbindung zwischen dem Küssen und dem Gedächtnis zitiert: J. Reed, J. Bohannon, G. Gooding und A. Stehman,
»Kiss and tell: affect and retellings of first kisses and first meetings«,
eine bei einer Konferenz der Association for Psychological Science
vorgelegte Schrift, Miami, Florida 2000.

DER TRANSIT DER VENUS
ÜBER UNTREUE

1 Mir ist bewusst, dass es mindestens zwei Werke mit dem Titel *Der
Transit der Venus* gibt: John Philip Sousas bekannter Marsch von 1883.
Und ein Roman von Shirley Hazzard aus dem Jahr 2004. Ich habe der
Geschichte diesen Titel nur gegeben, weil ich mich der astronomischen Bedeutung des Venustransits bediene, um die Perspektive he-
rauszuarbeiten, die eine außereheliche Beziehung zur Wertschätzung
des eigenen Partners hinzufügen kann.

2 A. Kinsey, W. Pomeroy, C. Martin und P. Gebhard, *Sexual Behavior in
the Human Female*, Philadelphia: Saunders 1953.

3 D.M. Buss und T.K. Shackelford, »Susceptibility to infidelity in the
first year of marriage«, in: *J. of Res. in Personality*, 31 (1997), S. 193–221.

4 P.R. Amato und D. Previti, »People's reasons for divorcing: gender, social class, the life course, and adjustment«, in: *Journal of Family Issues*,
24 (2003), S. 602–26.

5 L. Appignanesi, *Trials of Passion. Crimes Committed in the Name of
Love and Madness*, London: Virago Books 2014.

6 A. Schopenhauer, *Welt als Wille und Vorstellung*. Band 2, Zürich: Haff-
manns 1988, S. 618 f.

7 Ebd., S. 619.

8 Dies sind lang diskutierte und schwierige Fragen in der evolutionä-
ren Forschung. Für eine Zusammenfassung siehe: S.M. Drigotas und
W. Barta, »The cheating heart: scientific explorations of infidelity«, in:
Current Directions in Psychological Science, 10 (2001), S. 177–80. Die
meisten hier aufgeführten Ansätze werden in einem hervorragenden
Buch über die menschliche sexuelle Evolution erklärt: C. Ryan und
C. Jethá, *Sex – Die wahre Geschichte*, Stuttgart: Klett-Cotta 2016.

9 D.M. Buss, R.J. Larsen, D. Westen und J. Semmelroth, »Sex differen-

ces in jealousy: evolution, physiology and psychology«, in: *Psychological Science*, 3 (1992), S. 251–5.

10 Die Studien wurden mit unterschiedlichen Prozentsätzen wiederholt, doch es gab auch sich widersprechende Berichte. Siehe: M. J. Tagler und H. M. Jeffers, »Sex differences in attitudes toward partner infidelity«, in: *Evolutionary Psychology*, 11 (2013), S. 821–32.

11 Ryan und Jethá (2016), a. a. O.; siehe Kapitel 3.

12 H. Fisher, *Why We Love: The Nature and Chemistry of Romantic Love*, New York: Henry Holt 2004.

13 Ryan und Jethá (2016), a. a. O.; siehe Kapitel 6.

14 All diese Beispiele werden aufgeführt in Ryan und Jethá (2016), Kapitel 6 und 8. Ein Beleg aus Mosambik stellt eine Studie der Weltgesundheitsorganisation dar, die von der Autorin des Buchs, Cacilda Jethá, durchgeführt wurde. Die Informationen über das Britannien der Eisenzeit stammen aus Caesars *Der Gallische Krieg*.

15 M. McIntyre, S. W. Gangestad, P. B. Gray, J. F. Chapman, T. C. Burnham, M. T. O'Rourke und R. Thornhill, »Romantic involvement often reduces men's testosterone levels – But not always: the modulating role of extrapair sexual interest«, in: *Journal of Personality and Social Psychology*, 91 (2006), S. 642–51.

16 D. A. Weiser, D. J. Weigel, C. B. Lalasz und W. Evans, »Family background and propensity to engage in infidelity«, in: *Journal of Family Issues*, (First published online: 22 April 2015) 1, S. 19.

17 L. Widman und J. K. McNulty, »Narcissism and sexuality«, in: W. K. Campbell und J. Miller (Hrsg.), *The Handbook of Narcissism and Narcissistic Personality Disorder. Theoretical Approaches, Empirical Findings, and Treatment*. Hoboken, NJ: Wiley 2011, S. 351–9.

18 B. P. Zietsch, L. Westberg, P. Santtila und P. Jern, »Genetic analysis of human extrapair mating: heritability, between-sex correlation, and receptor genes for vasopressin and oxytocin«, in: *Evolution and Human Behavior*, (2014). Diese Studie bestätigt eine vorhergehende, die sich die Abweichung ausschließlich bei Frauen angesehen und festgestellt hat, dass sie bei 41 Prozent liegt: L. F. Cherkas, E. C. Oelsner, Y. T. Mak, A. Valdes und T. Spector, »Genetic influence on female identity and number of sexual partners in humans: a linkage and association study of the role of the vasopressin receptor gene (AVPR1A)«, in: *Twin Research*, 7 (2004), S. 649–58.

19 J. R. Garcia, J. McKillop, E. L. Aller, A. M. Merriwether, Wilson D. Sloan und J. K. Lum, »Associations between dopamine D4 receptor gene variation with both infidelity and sexual promiscuity«, in: *PLoS*, 5 (2010), 11, e14162.

20 A. C. Halley, M. Boretsky, D. A. Puts und M. Shriver, »Self-reported sexual behavioral interests and polymorphisms in the dopamine receptor D4 (DRD4) Exon III VNTR in heterosexual young adults«, in: *Archives of Sex Behavior*, 18 November 2015.

21 H. Walum, L. Westberg, J. M. Henningsson et al., »Genetic variation in the vasopressin receptor 1a gene (AVPR1A) associates with pairbonding behaviour in humans«, in: *PNAS*, 105 (2008), S. 14153–6.

22 D. Scheele, N. Striepens, O. Güntürkün et al., »Oxytocin modulates social distance between males and females«, in: *Journal of Neuroscience*, 32 (2012), S. 16074–9.

23 J. R. Garcia, C. Reiber, S. G. Massey und A. M. Merriwether, »Sexual hookup culture: a review«, in: *Review of General Psychology*, 16 (2012), S. 161–76.

24 J. R. Escobedo und R. Adolphs, »Becoming a better person: temporal remoteness biases autobiographical memories for moral events«, in: *Emotion*, 10 (2010), S. 511–18. Dies habe ich beschrieben in Kapitel 2 meines letzten Buchs *Der Gefühlscode*, München 2014.

25 J. D. Foster und T. A. Misra, »It did not mean anything (about me): cognitive dissonance theory and the cognitive and affective consequences of romantic infidelity«, in: *Journal of Social and Personal Relationships*, 30 (2013), S. 835–57.

26 J. Armstrong, *Conditions of Love*, London: Penguin 2002. Siehe das Kapitel über Sexualität.

27 Um sich über die Geschichte zu informieren und die geometrische Grundlage der Berechnungen in Bezug auf den Venustransit zu verstehen, lesen Sie die folgende Bildungs-Website, die ich sehr hilfreich fand: http://www.astronomy.ohio-state.edu/~pogge/Ast161/Unit4/venussun.html.

28 Bessere Messungen wurden 1874 und 1882 aufgezeichnet. Die beiden jüngsten Durchgänge fanden 2004 und 2012 statt.

29 Für weitere Erklärungen der Parallaxe lesen Sie diesen für die European Space Agency verfassten Blog: http://blogs.esa.int/venustransit/2012/05/30/measuring-the-size-of-the-solar-system-parallax/.

30 Die Triangulation wurde von dem holländischen Astronom und Kartografen Regnier Gemma Frisius (1508–1555) erfunden; siehe S. Christianson, »100 Diagrams that Changed the World«, London: Pavilion Books 2014.

31 Eine ausführliche Bestandsaufnahme über Beziehungen und das Fremdgehen finden Sie in: E. Perel, *Wild Life. Die Rückkehr der Erotik in der Liebe*, München/Berlin: Pendo 2006.

SPLIT OR STEAL
ÜBER DEN MUT ZUR NÄHE

1 Eine Studie, die sich der Spieltheorie bediente, um das strategische Entscheidungsverhalten bei der heterosexuellen Partnerumwerbung zu beobachten, finden Sie hier: R. M. Seymour und P. D. Sozou, »Duration of courtship efforts as a costly signal«, in: *Journal of Theoretical Biology*, 256 (2009), S. 1–13. Folgendes Buch widmet sich dem Thema: P. Szuchman und J. Anderson, *It's Not You, It's the Dishes. How to Minimize Conflict and Maximize Happiness in Your Relationship*, New York: Random House 2012.

2 J. Bowlby, *Bindung – Eine Analyse der Mutter-Kind-Beziehung*, Reinbek: Kindler 1982. Folgender Artikel behandelt die romantische Liebe und Bindung: C. Hazan und P. Shaver, »Romantic love conceptualized as an attachment process«, in: *Journal of Personality and Social Psychology*, 52 (1987), S. 511–24. Ein interessantes und umfassendes Buch, das sich komplett der Bindungstheorie in Beziehungen widmet, ist: A. Levine und R. Heller, *Warum wir uns immer in den Falschen verlieben. Beziehungstypen und ihre Bedeutung für unsere Partnerschaft*, München: Goldmann 2015.

3 Individuen mit ängstlichem Bindungsstil sind ausnehmend empfindlich und wachsam für Anzeichen, die von der Verfügbarkeit und Ansprechbarkeit von Bezugspersonen zeugen, zum Beispiel Mimik. Eine Studie untersuchte die Fähigkeit von bindungsängstlichen Menschen, das Auftauchen oder Verschwinden bestimmter Gesichtsausdrücke zu erkennen. Die Ergebnisse deuteten darauf hin, dass ängstliche Individuen im Vergleich zu anderen Menschen diese Gefühlsschwankungen rascher wahrnahmen. Manchmal führte das zu Ungenauigkeiten der emotionalen Beurteilung. Diese Ergebnisse kehrten sich jedoch um, wenn ängstliche Individuen gebeten wurden zu warten, bevor sie ihre Antworten gaben; C. Fraley, P.M. Niedenthal, M. Marks, C. Brumbaugh und A. Vicary, »Adult attachment and the perception of emotional expressions: probing the hyperactivating strategies underlying anxious attachment«, in: *Journal of Personality*, 74 (2006), S. 1163–90 (ebenfalls zitiert in Levine und Heller (2015), a.a.O.).

4   Vermeidende Individuen neigen dazu, ihre kognitive Aufmerksamkeit auf Informationen mit Bezug auf Intimität zu beschränken und diese als quälend und bedrohlich zu betrachten. In einer Studie wurden Teilnehmern farbige Wörter auf einem Bildschirm gezeigt, und sie sollten die Farben benennen. Die Leistung bei dieser Aufgabe kann durch die Bedeutung der Wörter gestört werden – insbesondere, wenn diese negativ oder emotional aufgeladen sind –, weil die Teilnehmer ihre Aufmerksamkeit weg von der Farbe auf die Semantik lenken. Wenn jedoch vermeidenden Individuen bindungsbezogene Wörter wie »einsam«, »intim«, »Verlust«, »liebend« oder »im Stich lassen« gezeigt werden, weisen diese bei der Aufgabe weiterhin eine relativ gute Leistung auf, was darauf hindeutet, dass sie die Bedeutung des Wortes gekonnt ignorieren und sich auf die Farbe konzentrieren; R.S. Edelstein und O. Gillath, »Avoiding interference: adult attachment and emotional processing biases«, in: *Personality and Social Psychology Bulletin*, 34 (2008), S. 171–81.

5   Die Bindungstheorie ist ein Weg zu verstehen, wie Menschen mit Intimität umgehen und sich in Beziehungen verhalten. Darüber hinaus ist es recht eingeschränkt, Menschen lediglich in diese drei Kategorien von Bindungsstilen einzuordnen. Einige Forscher bevorzugen es, diese Stile entlang einer Skala des Bindungsverhaltens zu positionieren, siehe zum Beispiel: K.A. Brennan, C.L. Clark und P.R. Shaver, »Self-report measurement of adult romantic attachment: an integrative overview«, in: J.A. Simpson und W.S. Rholes (Hrsg.), *Attachment Theory and Close Relationships*. New York: Guilford Press 1998, S. 46– 76. Studien haben herausgestellt, dass Unterschiede in Bindungsstilen sich in einer Vielfalt von Merkmalen wiederfinden, die von der Selbstlosigkeit, mit der Menschen sich um andere kümmern, bis hin zu ihrer emotionalen Intelligenz, Aufrichtigkeit oder der Fähigkeit reichen, sich mit ihren wahren Neigungen zu identifizieren und ihnen

nachzugehen; A. Erez, M. Mikulincer, M. H. van Ijzendoorn und P. M. Kroonenberg, »Attachment, personality and volunteering: placing volunteerism in an attachment-theoretical framework«, in: *Personality and Individual Differences*, 44 (2008), S. 64–74; T. Lanciano, A. Curci, K. Kafetsios, L. Elia und V. Lucia, »Attachment and dysfunctional rumination: the mediating role of emotional intelligence abilities«, in: *Personality and Individual Differences*, 53 (2012), S. 753–8; O. Gillath, A. K. Sesko, P. R. Shaver und D. S. Chan, »Attachment, authenticity, and honesty: dispositional and experimentally induced security can reduce self- and other-deception«, in: *Journal of Personality and Social Psychology*, 98 (2010), S. 841–55; L. J. Otway und K. B. Carnelley, »Exploring the associations between adult attachment security and self-actualization and self-transcendence«, in: *Self and Identity*, 12 (2013), S. 217–30. Es scheint auch Unterschiede im Sexualverhalten und bei den sexuellen Vorlieben zu geben. Der vermeidende Typus konzentriert sich vielleicht eher auf den eigentlichen Akt oder vermeidet Sex generell. Siehe: Levine und Heller (2015), a. a. O., Kapitel 10 und dortige Literaturhinweise.

6 Immer mehr Belege deuten auf Abweichungen bei Genen hin, die Neurotransmitter oder Rezeptoren im Gehirn codieren, die mit der Manifestation verschiedener Bindungsstile in Verbindung stehen (zum Beispiel Abweichung beim Dopamin- (DRD2) und Serotonin 1A-(5HT2A)-Rezeptor. Man sollte nicht vergessen, dass diese lediglich Korrelationen ohne kausalen Wert sind und es keine speziellen Gene gibt, die direkt und eindeutig einem bestimmten Bindungsstil unterliegen. Zur weiteren Lektüre empfehle ich: O. Gillath, P. R. Shaver, J. M. Baek und D. S. Chun, »Genetic correlates of adult attachment styles«, in: *Personality and Social Psychology Bulletin*, 34 (2008), S. 1395–405.

7 Ausführlicher habe ich darüber in meinem letzten Buch *Der Gefühlscode*, München 2014 geschrieben; folgende Abhandlungen beschreiben die ursprünglichen Experimente: I. C. Weaver, N. Cervoni, F. A. Champagne, A. C. D'Alessio, S. Sharma, J. R. Seckl, S. Dymov, M. Szyf, M. J. Meaney, »Epigenetic programming by maternal behavior«, in: *Nature Neuroscience*, 7 (2004), S. 847–54; F. A. Champagne, I. C. Weaver, J. Diorio, S. Dymov, M. Szyf, M. J. Meaney, »Maternal care associated with methylation of the estrogen receptor-alpha1b promoter

and estrogen receptor-alpha expression in the medial preoptic area of female offspring«, in: *Endocrinology, 147* (2006), S. 2909–15; V. Carola, G. Frazzetto und C. Gross, »Identifying interactions between genes and early environment in the mouse«, in: *Genes, Brain and Behavior, 5* (2006), S. 189–99.

8 Weitere Studien werden mit dem Ziel durchgeführt, verschiedene Orte der Methylierung des Genoms zu enträtseln, die für individuelle Unterschiede bei der emotionalen Steuerung und Sozialkompetenz sorgen. Eine Studie hat Methylierung bei einem Gen identifiziert, das den Code für einen Oxytocin-Rezeptor liefert. Die Methylierung verlangsamt die Transkription des Gens, was zu einer geringeren Oxytocin-Funktion führt und mit einer erhöhten Aktivität der Amygdala als Reaktion auf negative, soziale Reize in Verbindung steht. M.H. Puglia, T.S. Lillard, J.P. Morris und J.J. Connelly, »Epigenetic modification of the oxytocin receptor gene influences the perception of anger and fear in the human brain«, in: *PNAS, 112* (2015), S. 3308–13. Die molekulare Basis epigenetischer Mechanismen zu finden, ist ein relativ junges Bestreben. Manche sind nach wie vor vorsichtig, was Entdeckungen auf diesem Feld angeht.

9 Eine klare und detaillierte Erklärung für die Anziehung zwischen dem ängstlichen und dem vermeidenden Typus, die sie als »anxious-avoidant trap« – die ängstlich-vermeidend-Falle – bezeichnen, finden Sie in: Levine und Heller (2015), a. a. O.

10 T.C. Marshall, K. Bejanyan und N. Ferenczi, »Attachment styles and personal growth following romantic breakups: the mediating roles of distress, rumination, and tendency to rebound«, in: *PLoS One, 9* (2013), e75161.

EIN WINTERGARTEN
ÜBER DIE TRENNUNG VON SEX UND LIEBE

1 Ein hervorragender Essay über Sex als Exzess ist »Sex Mad«, in: Adam Philips's *On Balance*. London: Penguin 2010.

2 D. Halperin, »Love's irony: six remarks on Platonic Eros«, in: S. Bartsch und T. Bartscherer (Hrsg.), *Erotikon: Essays on Eros, Ancient and Modern*, Chicago: University of Chicago Press 2005, S. 48–58.

3   Umgekehrt gibt es Belege, dass dieselben Bereiche in Abwesenheit erotischer Lust aktiv sind. Individuen mit hypoaktivem sexuellen Verlangen zum Beispiel, einem Zustand, in dem das Verlangen nach sexueller Aktivität chronisch niedrig oder nicht vorhanden ist, zeigen fortgesetzte Aktivität in Bereichen wie dem medialen orbitofrontalen Kortex, wenn sie erotischen Bildern ausgesetzt werden: S. Stoleru et al., »Brain processing of visual sexual stimuli in men with hypoactive sexual desire disorder«, in: *Psychiatry Research*, 124 (2003), S. 67–86. Siehe auch folgender Artikel von Carl Zimmer über das Gehirn und sexuelles Verlangen: http://discovermagazine.com/2009/oct/10-where-does-sex-live-in-brain-from-top-to-bottom.

4   B.R. Komisaruk und B. Whipple, »Functional MRI of the brain during orgasm in women«, in: *Annual Review of Sex Research*, 16 (2005), S. 62–86. Die fehlende Amygdala-Aktivität beim Orgasmus wurde für die männliche Ejakulation untersucht: G. Holstege, J.R. Georgiadis, A.M.J. Paans et al., »Brain activation during human male ejaculation«, in: *Journal of Neuroscience*, 23 (2003), S. 9185–93.

5   S. Ortigue und F. Bianchi-Demicheli, »The chrono-architecture of human sexual desire: a high-density electrical mapping study«, in: *NeuroImage*, 43 (2008), S. 337–45.

6   Eine schöne und prägnante Meinung über die Trennung von Liebe und Sex lesen Sie in Kapitel 20 in John Armstrongs *Conditions of Love – The Philosophy of Intimacy*, London: Penguin 2002.

7   Jüngste Daten deuten darauf hin, dass Millenials weniger Sex haben als die vorherige Generation: J.M. Twenge, R.A. Sherman und B.E. Wells, »Sexual inactivity during young adulthood is more common among U.S. millennials and iGen: age, period and cohort effects on having no sexual partners after age 18«, in: *Archives of Sexual Behavior*, zum ersten Mal online: 1. August 2016.

8   Bezug nehmend auf die Ideen über die evolutionäre Rolle der Promiskuität unter Heterosexuellen, die ich in »Der Transit der Venus« beschrieben habe, möchte ich hinzufügen, dass sicherlich schon viel über die evolutionäre Bedeutung von homosexuellem Verhalten diskutiert wurde. Da sie nicht der Reproduktion dienten, wurden homosexuelle Vorlieben als stark altruistisches Verhalten angesehen, zum Beispiel durch die Unterstützung bei der Fürsorge für den Nachwuchs innerhalb derselben Familie (Sippenselektion). Alternativ könnte das

Merkmal der Homosexualität in der Evolution wegen des gemeinsamen Auftretens mit einer anderen Eigenschaft überdauert haben, die der positiven Selektion unterliegt. Sozialer und kultureller Druck spielen bei der Billigung oder Missbilligung homosexueller Beziehungen ebenfalls eine Rolle. Einen Überblick über verschiedene Hypothesen finden Sie in: R. C. Kirkpatrick, »The evolution of human homosexual behaviour«, in: *Current Anthropology*, 41 (2000), S. 385–413. Bezüglich des besonderen Falls innerfamiliärer Altruismustendenzen und Fürsorge siehe folgenden Artikel über samoanische Gemeinschaften: P. L. Vasey und D. P. VanderLaan, »An adaptive cognitive dissociation between willingness to help kin and nonkin in Samoan fa'afafine«, in: *Psychological Science*, 21 (2010), S. 292–7.

9 Christian Rudder, *Inside Big Data. Unsere Daten zeigen, wer wir wirklich sind*, München: Hanser 2016, Kapitel 2.

10 Vier bei schwulen Männern und Hetero-Frauen, fünf bei Lesben und schwulen Männern. In: Rudder (2016), a. a. O.

11 Einen Überblick über die Vorteile sozialer Interaktionen und sexueller Aktivität unter Freunden finden Sie in: I. D. Neumann, »The advantage of social living: brain neuropeptides mediate the beneficial consequences of sex and motherhood«, in: *Frontiers in Neuroendocrinology*, 30 (2009), S. 483–96.

12 B. Leuner, E. R. Glasper und E. Gould, »Sexual experience promotes adult neurogenesis in the hippocampus despite an initial elevation in stress hormones«, in: *PLoS One*, 5, 7 (2010), e11597.

13 Ein Überblick über die Beteiligung von Neuropeptiden an der Anbahnung der Vorteile von sozialen Interaktionen und Sex, siehe: Neumann (2009), a. a. O.

14 E. S. Byers, »Relationship satisfaction and sexual satisfaction: a longitudinal study of individuals in long-term relationships«, in: *Journal of Sex Research*, 43 (2005), S. 113–18.

15 J. H. Larson, S. M. Anderson, T. B. Holman und B. K. Niemann, »A longitudinal study of the effects of premarital communication, relationship stability, and self-esteem on sexual satisfaction in the first year of marriage«, in: *Journal of Sex and Marital Therapy*, 24 (1998), S. 193–206.

16 D. Dentico, B. L. Cheung et al., »Reversal of cortical information flow during visual imagery as compared to visual perception«, in: *Neuro-*

Image, 100 (2014), S. 237–43; S. M. Kosslyn, »Mental images and the brain«, in: *Cognitive Neuropsychology*, 22 (2005), S. 333–47.

17 L. Berlant und M. Warner, »Sex in public«, in: *Critical Inquiry*, 24, 2, Special Issue on Intimacy (1998), S. 547–66.

18 Siehe Adam Philips, *On Balance*, a. a. O.

19 Halperin (2005), a. a. O.

20 I. Calvino, »Definitions of territories: eroticism, sex and laughter«, in: *The Literature Machine*, London: Vintage 1997. In diesem Essay schreibt Calvino hauptsächlich darüber, wie in der Literatur über die Sexualität gesprochen wird, merkt aber an, dass die Verbindung zwischen Sex und Lachen auf anthropologischer Ebene wichtig ist.

21 Ibd.

ABSCHIED EINES ZAUBERERS
ÜBER VATERGEFÜHLE

1 Siehe die folgenden Studien, die die Vorteile gemeinschaftlichen Erinnerns bei alten im Vergleich zu jungen Paaren für detaillierte, episodische Erinnerungen oder die Leistung bei Gedächtnisaufgaben verglichen haben: A. Rauers, M. Riediger, F. Schmiedek und U. Lindenberger, »With a little help from my spouse: does spousal collaboration compensate for the effects of cognitive aging?«, in: *Gerontology*, 57 (2011), S. 161–6; A. J. Barniers, A. C. Priddis, J. M. Broekhuijse, C. B. Harris, R. E. Cox und D. R. Addis, »Reaping what they sow: benefits of remembering together in intimate couples«, in: *Journal of Applied Research in Memory and Cognition*, 3 (2014), S. 261–5; C. B. Harris, A. J. Barniers, J. Sutton und P. G. Keil, »Couples as socially distributed cognitive systems: remembering in everyday social and material contexts«, in: *Memory Studies*, 7 (2014), S. 285–97.

2 Siri Hustvedt, *Leben, Denken, Schauen. Essays*, Reinbek bei Hamburg: Rowohlt 2014, S. 95.

3 Einen Überblick über männliches elterliches Investment finden Sie hier: R. Woodroffe und A. Vincent, »Mother's little helpers: patterns of male care in mammals«, in: *TREE*, 9 (1994), S. 294–7.

4 R. Feldman, »Infant-mother and infant-father synchrony: the coregulation of positive arousal«, in: IMHJ, 24 (2003), S. 1–23.

5   Ein allgemeiner Überblick über Gehirnbildgebungs- und molekulare Studien der menschlichen, elterlichen Bindung siehe: J. E. Swain, P. Kim, J. Spicer, S. S. Ho, C. J. Dayton, A. Elmadih und K. M. Abel, »Approaching the biology of human parental attachment: brain imaging, oxytocin and coordinated assessments of mothers and fathers«, in: *Brain Research*, (2014), S. 78–101.

6   S. Atzil, T. Hendler, O. Zagoory-Sharon, Y. Winetraub und R. Feldman, »Synchrony and specificity in the maternal and the paternal brain: relations to oxytocin and vasopressin«, in: *Journal of the American Academy of Child and Adolescent Psychiatry*, 51 (2012), S. 798–811.

7   Siehe L. Appignanesi, *All about Love,* London: Virago Books 2010, Part Five: »Love in Families«.

8   Auf dem wachsenden Feld der Neuropsychoanalyse hat es Bestrebungen gegeben, psychoanalytische Ordnungen in der Geografie des Gehirns zu verorten. Man kann wohl behaupten, dass die Verknüpfungen nicht eindeutig sind und sich die symbolische Ordnung in diesem Fall nicht auf nur eine Gehirnregion festlegen lässt. Siehe: M. Pizzato, *Ghosts of Theatre and Cinema in the Brain*, London: Palgrave Macmillan 2006 (Kapitel 2 und dortige Literaturhinweise).

9   Für eine umfangreiche Beschreibung der Physiologie des Deliriums siehe: J.-D. Gaudreau und P. Gagnon, »Psychotogenic drugs and delirium pathogenesis: the central role of the thalamus«, in: *Medical Hypotheses*, 64 (2005), S. 471–5. Bezüglich des Auftretens von Delirien in Verbindung mit der Einnahme von Krebsmedikamenten siehe: A. Caraceni, »Drug-associated delirium in cancer patients«, in: *European Journal of Cancer* (2013), S. 233–40.

10 T. T. Hshieh, T. G. Fong, E. R. Marcantonio und S. K. Inouye, »Cholinergic deficiency hypothesis in delirium: a synthesis of current evidence«, in: *Journal of Gerontology,* A. Med Sci. 63 (2008), S. 764–72.

11 Oliver Sacks, *Drachen, Doppelgänger und Dämonen: Über Menschen mit Halluzinationen*, Reinbek bei Hamburg: Rowohlt 2013, S. 210.

12 Eine phänomenologische Analyse der »Fürsorge« unter Familienmitgliedern, die sich um demenzkranke Verwandte kümmern, finden Sie in: S. Peacock, W. Dubbleby und P. Koop, »The lived experience of family caregivers who provided end-of-life care to persons with advanced dementia«, in: *Palliative and Supportive Care*, 12 (2014), S. 117–26.

GLEICHHEIT
ÜBER VERÄNDERUNG

1 Eine informative Lektüre über das Erkennen von Gesichtern, siehe: C. Maguinness und F. N. Newell, »Recognising others: adaptive changes to person recognition throughout the lifespan«, in: B. L. Schwartz, M. L. Howe, M. P. Toglia und H. Otgaar (Hrsg.), *What is Adaptive About Adaptive Memory?*, Oxford: Oxford University Press 2014.

2 K. K. W. Kampe, C. D. Frith, R. J. Dolan und U. Frith, »Reward value of attractiveness and gaze«, in: *Nature*, 413 (2001), S. 589; J. O'Doherty, J. Winston, H. Critchley, D. Perrett, D. M. Burt und R. J. Dolan, »Beauty in the smile: the role of medial orbitofrontal cortex in facial attractiveness«, in: *Neuropsychologia*, 41 (2003), S. 147–55.

3 A. Todorov, P. Mende-Siedelcki und R. Dotsch, »Social judgments from faces«, in: *Current Opinion in Neurobiology*, 23 (2013), S. 373–80.

4 J. Freeman, R. M. Stolier, Z. A. Inbretsen und E. A. Hehman, »Amygdala responsivity to high-level social information from unseen faces«, in: *Journal of Neuroscience*, 34 (2014), S. 10 573–81. Mehrere Bereiche des Gehirns sind an diesen subtilen Einschätzungen beteiligt, je nachdem, wie implizit oder explizit das Urteil ist. Studien deuten darauf hin, dass die Amygdala vor allem an der automatischen Einordnung nicht vertrauenswürdiger Gesichter beteiligt ist. Wenn andererseits das Urteil explizit ist, ist die Aktivität in der rechten oberen Schläfenfurche höher, die auch die Intentionalität anderer sondiert. J. S. Winston, B. A. Strange, J. O'Doherty und R. J. Dolan, »Automatic and intentional brain responses during evaluation of trustworthiness of faces«, in: *Nature Neuroscience*, 5 (2002), S. 277–83; A. Todorov, Mende-Siedelcki und R. Dotsch, »Social judgments from faces«, in: *Current Opinion in Neurobiology*, 23 (2013), S. 373–80.

5 Roland Barthes, *Die helle Kammer: Bemerkungen zur Photographie.* Frankfurt am Main: Suhrkamp 1985, S. 22.

6 Darüber habe ich in meinem letzten Buch geschrieben, *Der Gefühlscode. Die Entschlüsselung unserer Emotionen*, München: Hanser 2014; S. Zeki, »The neurobiology of love«, in: *FEBS Letters*, 581 (2007), S. 2575–9 (und dortige Literaturhinweise).

7 Hanif Kureishi, *Intimacy: Rastlose Nähe, München: Kindler 1999, S. 8.*

8 J. Barnes, *Lebensstufen*, Köln: Kiepenheuer und Witsch 2015, S. 41 f.

9 Patti Smith, *Just Kids. Die Geschichte einer Freundschaft*, Köln: Kiepenheuer und Witsch 2010, S. 249.

10 Zur Bedeutung von Selbsterfüllung und Finden des authentischen Selbst hier zwei interessante Bücher: H. Frankfurt, *Die Gründe der Liebe*, Frankfurt am Main: 2005; C. Taylor, *The Ethics of Authenticity*, Cambridge, Mass.: Harvard University Press (1991).

11 William James, *The Principles of Psychology*. New York: Henry Holt 1890.

12 Siehe C. Duhigg, *The Power of Habit. Why We Do What We Do in Life and Business*, London: Random House 2012.

13 Die Wissenschaftlerin Brené Brown hat sich der Bedeutung der Verletzlichkeit gewidmet in ihrem Buch: *Verletzlichkeit macht stark. Wie wir unsere Schutzmechanismen aufgeben und innerlich reich werden*, München: Goldmann 2017.

14 Siehe Maguinness und Newell (2014), a.a.O.; P. Belin, P.E.G. Bestelmeyer, M. Latinus und R. Watson, »Understanding voice perception«, in: *British Journal of Psychology*, 102 (2011), S. 711–25; eine Studie, die das Erkennen von Stimmen im auditiven Kortex lokalisiert, siehe: P. Belin, R.J. Zatorre, P. Lafaille, P. Ahad und B. Pike, »Voice-selective areas in human auditory cortex«, in: *Nature*, 403 (2000), S. 309–12.

15 Einen Überblick, einschließlich historischer Referenzen der Pionierarbeit über das selektive Hervorrufen von Erinnerungen, die im Labor von Susumu Tonegawa durchgeführt wurde, finden Sie in: S. Ramirez, S. Tonegawa und L. Xu, »Identification and optogenetic manipulation of memory engrams in the hippocampus«, in: *Frontiers in Behavioral Neuroscience*, 7 (2014), Article 226, S. 1–9.

16 Die Erinnerung ist eines der faszinierendsten Themen in der Neurowissenschaft, aber auch mit am schwierigsten zu studieren. Je nach Eigenschaft und temporaler Natur der Erinnerungen sind verschiedene Teile des Gehirns an deren Speicherung beteiligt. Ohne zu stark zu vereinfachen, kann man sagen, dass die Amygdala zum Beispiel unsere angstvollen Erinnerungen speichert, der Hippocampus ist verantwortlich für unser episodisches und räumliches Gedächtnis, der präfrontale Kortex speichert Informationen des Kurzzeitgedächtnisses etc. Einen Überblick der Studien über Stimmengedächtnis und -erkennen finden Sie in: D.B. Pisoni, »Long-term memory in speech perception: some new findings on talker variability, speaking rate and perceptual learning«, in: *Speech Communication*, 13 (1993), S. 109–25.

17 Steven Ramirez, Susumu Tonegawa, Liu Xu und deren Kollegen am Massachusetts Institute of Technology und Mitarbeiter erbringen zunehmend schlagkräftigere Beweise für die Möglichkeit, Erinnerungen selektiv hervorzurufen, indem bestimmte Zelltypen im Hippocampus stimuliert werden, einer Region des Gehirns, die an der Registrierung der Kontextinformationen einer Erinnerung und von Zeit und Raum beteiligt ist. Die elegante Reihe von Experimenten beinhaltete die Identifizierung, das Einsetzen falscher Erinnerungen, das Vertauschen emotionaler Wertigkeiten und schließlich sogar die Anwendung, um depressionsartiges Verhalten (bei Nagetieren) zu lindern. S. Ramirez, X. Liu, C. J. MacDonald, A. Moffa, J. Zhou, R. L. Redondo und S. Tonegawa, »Activating positive memory engrams suppresses depression-like behaviour«, in: *Nature*, 522 (2015), S. 335–9.

JA
ÜBER BEDINGUNGSLOSIGKEIT

1 Einen inspirierenden Einblick in die Rolle der Berührung aus der Perspektive der verkörperten Kognition und die transformative Macht der Berührung, sowohl für den Berührenden als auch die Person, die berührt wird, finden Sie in: K. Mclaren, »Touching matters: embodiments of intimacy«, in: *Emotion, Space and Society. Special Issue on Intimacy*, 13 (2014), S. 95–102; in derselben Sonderausgabe über Intimität finden Sie außerdem folgenden detaillierten Überblick über die Neurowissenschaft der Berührung: J. Cole, »Intimacy; views from impairment and neuroscience«, in: *Emotion, Space and Society. Special Issue on Intimacy*, 13 (2014), S. 87–94.

2 M. J. Hertenstein, R. Holmes, M. McCullough und D. Keltmer, »The communication of emotion via touch«, in: *Emotion*, 9 (2009), S. 566–73. In dieser Studie lag die Quote der Übermittlung von Emotionen durch Berührung zwischen 50 und 70 Prozent.

3 Unterschiede gab es ebenfalls bei der Art der Emotion und der Körperstelle, wo diese überwiegend kommuniziert wurde. Diese waren außerdem vom Geschlecht abhängig. Einzelheiten und Diagramme siehe Hertenstein et al. (2009), a. a. O.

4 L. S. Löken, J. Wessberg, I. Morrison, F. McGlone und H. Olausson, »Coding of pleasant touch by unmyelinated afferents in humans«, in: *Nature Neuroscience*, 12 (2009), S. 547–8; H. Olausson, Y. Lamarre, H. Backlund, C. Morin, B. G. Wallin, G. Starck, S. Ekholm, I. Strigo, K. Worsley, Å. B. Vallbo und M. C. Bushnell, »Unmyelinated tactile afferents signal touch and project to insular cortex«, in: *Nature Neuroscience*, 5 (2002), S. 900–904.

5 Roland Barthes, *Fragmente einer Sprache der Liebe*, Frankfurt am Main: Suhrkamp 1988, S. 162.

6 Einen Überblick über die psychologischen und biologischen Auswirkungen von Traumata auf die Intimität finden Sie in: B. Mills und G. Turnbull, »Broken hearts and mending bodies: the impact of trauma on intimacy«, in: *Sexual and Relationship Therapy*, 19 (2004), S. 265–89.

7 Eine Zusammenfassung der jüngsten Hauptrichtungen der Wissenschaft der seelischen Widerstandskraft, insbesondere in der Neurowissenschaft und Epigenetik, finden Sie in einem Artikel von Virginia Hughes, »The roots of resilience«, in: *Nature*, 490 (2012), S. 165–7.

8 K. Thomaes, E. Dorrepaal, N. Draijer, M. B. de Ruiter, A. J. van Balkom, J. H. Smith und D. J. Veltman, »Reduced anterior cingulate and orbitofrontal volumes in child abuse-related complex PTSD«, in: *Journal of Clinical Psychiatry*, 71 (2010), S. 1636–44.

9 N. I. Eisenberg, M. D. Lieberman und K. D. Williams, »Does rejection hurt? An fMRI study of social exclusion«, in: *Science*, 302 (2003), S. 290–92; C. Lavin, C. Melis, E. Mikulan, C. Gelormini, D. Huepe und A. Ibañez, »The anterior cingulate cortex: an integrative hub for human socially-driven interactions«, in: *Frontiers in Neuroscience*, 7 (2013), Artikel 64, 1–4. Wie Hughes (2012 a. a. O.) notiert, ist der ACC ebenfalls dicht mit Opioid-Rezeptoren besetzt. Natürliche Opioide werden auf Berührung hin ausgeschüttet und sind auch an der Modulation von Bindungen beteiligt. Mehr über die ausgedehnte Neurochemie der Intimität und sozialer Interaktionen siehe »Schidduch« und »Zeitsprünge«.

10 F. L. Woon, S. Sood und D. W. Hedges, »Hippocampal volume deficits associated with exposure to psychological trauma and posttraumatic

stress disorder in adults: a metaanalysis«, in: *Progress in Neuropsycho-pharmacology and Biological Psychiatry*, 34 (2010), S. 1181–8.

11 J. Ji und S. Maren, »Hippocampal involvement in contextual modula-tion of fear extinction«, in: *Hippocampus,* 17 (2007), S. 749–58.

12 N. Fani, T. Z. King, T. Jovanovic, E. M. Glover, B. Bradley, K. S. Choi, T. Ely, D. Gutman und K. Kessler, »White matter integrity in highly traumatized adults with and without post-traumatic stress disorder«, in: *Neuropsychopharmacology*, 37 (2012), S. 2740–46.

13 F. Ozbay, D. C. Johnson, E. Dimoulas, C. A. Morgan, D. Charney und S. Southwick, »Social support and resilience to stress: from neurobio-logy to clinical practice«, in: *Psychiatry*, (Mai 2007), S. 35–40; eine Studie, die sich den Einfluss von Kindesmissbrauch (verschiedener Art) auf Depressionen bei Erwachsenen angesehen hat und wie diese durch soziale Unterstützung, insbesondere durch Familie und Freun-de, moduliert werden können, siehe: A. B. Powers, K. J. Ressler und R. G. Bradley, »The protective role of friendship on the effects of child-hood abuse and depression«, in: *Depression and Anxiety*, 26 (2009), S. 46–53.